JN192220

経営のロジック

謎が多いから面白い経営学の世界

LOGIC OF MANAGEMENT

大月博司 著

同文舘出版

はしがき

本書は，経営学の発展を通して解明されてきた経営学的な考え方をロジックとして理解して，問題に直面したときに実践できることを狙いとしている。内容的には，経営学の発展を踏まえて，企業論，戦略論，組織論のロジックを整理し，それを理解・応用できるような構成となっている。

20世紀初頭に経営学という学問領域が登場してから，その発展は目を見張るものがある。そして世紀末になると，インターネットがインフラとして整備され，Web 2.0と称される新しいネット社会の創出が始まった。具体的には，デジタル化した情報技術を介したオンラインによるコミュニケーション，情報共有，コラボレーションの高まりである。その流れは，21世紀に入るとさらに加速し，ユーチューブ（YouTube），フェイスブック（Facebook），インスタグラム（Instagram）などが個人レベルに止まらず，組織の大小を問わず使われるなど，デジタル革命の到来を実感させるまでになった。近年，そうした新しい社会変化をビジネスチャンスと捉えて，旧来の発想とは異なるWeb 3.0，インダストリー4.0やIoT時代の到来を想定した企業経営の必要性が呼ばれている。

経営学発展の歴史を遡ると，工場レベル，人間の集団レベル，組織レベル，企業レベルなど，時代の発展に応じて研究の焦点が変容してきたことがわかる。そして，共通しているのは，各レベルで起こる現象についてなぜ失敗するのか，なぜうまくいかないのか，効率性を高めるにはどうすればいいのか，などさまざまな問題を認識してその解に取り組んできた点である。その成果は，科学的管理法，人間関係論，企業行動論，組織均衡論，組織デザイン論，リーダーシップ論，モティベーション論，コーポレートガバナンス論，など多様である。

とりわけ企業行動については，近年のグローバル化やデジタル革命の進展により，過去には想定できなかった新しい現象が次々に登場している。このことからして，経営学が今なお発展しつつあることがうかがい知れる。

現代は過去の延長であり未来への先駆け，という考え方は昔から変わることがない。そのため，経営現象についても表面的には変わってみえても，本質的には変わらないことがある。それは，経営現象に通底するロジック（論理的な筋道）と言える。つまり，失敗を避ける行動をとるには従わざるを得ない鉄則である。こうしたロジックの観点からこれまでの経営学を振り返ると，変わらないロジックがある一方，時代とともに新しいロジックが生まれてきたことがわかる。たとえば，科学的管理法における生産性を高めるロジック（客観的なデータ分析によるタスクの設定とその遂行をサポートする組織運営）は，最先端の自動車工場でも援用されている。しかし，当時はまだ認識されなかった，人間性を活かす働き方など，今日的なロジックがそれに付加されているのである。

企業組織の歴史や規模を問わず，成果を上げる経営現象には何らかのロジックが投影されている。経営学では，時代の変化とともに新たな経営現象が生じたため，たえずその解明が進められ，成功のロジックが変容することを目の当たりにしてきた。そして明らかになったのが，経営現象が起こるにはそれなりのプロセスがあり，それを明らかにすることができれば，成功するため，あるいは失敗をさけるにはどうすればよいかについて，納得のいく考え方や実践法を組み立てることができるはずだ，という知見である。科学的管理法をはじめ，経営学が明らかにしてきたいろいろなロジックは，まさにこうした研究の産物であり，その蓄積は今なお増しつつある。このことは，今日の新しい現象であるネットワーク組織やバーチャル組織において，新しいロジックの発見がされていることからも明らかである。

本書は，経営学をはじめて学ぶ学生・院生，再学習を必要とする実務家を主な読者として編さんされたものである。そのため，原稿の段階で大月研究室の古田駿輔君と近藤辰哉君に，そうした読者の立場から読みにくい箇所等を入念にチェックしてもらい，完成度を高めることに心がけた。最終的に誤りの責は著者にあるとは言え，両君には感謝の念に堪えない。

出版事情がますます厳しくなる中，本書の出版を快諾していただいた同文舘出版，そして精力的に編集作業・チェックをしていただいた青柳裕之さん，大関温子さんに心より感謝の意を捧げたい。本書を通じて，読者が経営学のロジックを理解し，問題に直面したとき経営学的に考え実践することができることを願っている。

2018 年　寒さ厳しい如月

大月　博司

目　次

第4章 ステイクホルダーとコーポレートガバナンス

第5章 プロ経営者の登場と役割

第6章 経営の意思決定

第7章 経営戦略

第8章 競争戦略

第9章 経営組織の解明

第10章　組織デザイン

第11章　組織行動と個人

第12章 グループ(集団)とチーム

第13章 経営トピックス:さまざまな謎

経営のロジック

—謎が多いから面白い経営学の世界—

序章

謎が多いから面白い
経営学の世界

Amazon の株価は，1997 年 5 月の上場時に 2 ドルほどだったが，2017 年 5 月には約 1000 ドルに達成し，創業 20 年足らずで，トヨタの時価総額をはるかに超えるまでに成長した。また Apple は，2001 年 2 月に創業以来の最安値 14.44 ドルを記録した上に，2005 年（1：2）と 2014 年（1：7）に株式分割を行ったにもかかわらず，2017 年 3 月末の株価は 143.66 ドルを記録し，16 年間で時価総額は約 130 倍以上に上昇した。そして，わが国でもニトリは，2017 年 3 月決算で 30 期連続増収増益を達成している。

このように，なかには想像をはるかに超える成長を果たして企業価値を高めている企業がある。その一方，山一證券，北海道拓殖銀行，そごう，日本航空，エンロン，ゼネラルモーターズ，リーマン・ブラザーズ，ワールド・コムなど，かつては一流企業と称されていた企業でも倒産ないし解体を余儀なくされたところも多い。こうした，成長・衰退という正反対の現象が起こるのはなぜなのだろうか。この謎解きをすることができるのが経営学の面白さである。

長い歴史を刻んできた人間社会の歴史において，14 ～ 16 世紀に起きたルネッサンスを起点に，急激な社会変革をもたらした 18 世紀以降の近代化の過程において，社会のうねりを「産業革命」や「デジタル革命」と捉える一方，そのあり様を「工業化社会」，「産業化社会」，「脱工業化社会」，「知識社会」といった言葉で語られてきた。その実態は，家業中心から企業中心の社会へ，さらには大企業中心の社会への変容である。そして，社会変容の原動力の本質を「**見えざる手**」，「**見える手**」，「**消えゆく手**」といったシンボリックな用語で捉えることが広く支持されている。

「見えざる手」は，18 世紀後半にアダム・スミスが『国富論』のなかで市場経済の動きの原動力を想定したもので，個々人が自己利益最大の行動をすれば望ましい資源配分が実現できるという市場経済（マーケットエコノミー）の実態を表すコンセプトであった。またアルフレッド・チャンドラーによれば，19 世紀後半以降にアメリカでは企業の大規模化とともに組織は階層化され，専門知識をもつ経営者が実権を握ることになった。そのため，多様な機能を組織の内部で担う垂直統合型の大企業が競争上有利になったことから，「見えざる手」に依存した市場経済による資本主義は，経営者の「見える手」が主導する産業資本主義へ進化したという。しかし近年，グローバル化や情報ネットワーク化の進展を背景に，大規模化した企業が推進してきた垂直統合型組織より，外部組織を活用するアウトソーシングに依存する方が競争上有利になった事態を踏まえ，リチャード・ラングロワはこの変貌した市場に「消えゆく手」を見出した。

このような市場変化の捉え方は，個人を中心とした市場経済の社会から，企業を中心にした市場経済の社会への変容を表しているとも言える。もちろん，企業活動を垂直統合してさまざまな機能を内部組織で行うことが有利だった産業資本主義と，アウトソーシングやオフショアリングなど，外部市場を通じさまざまな専門機能を入手できる情報ネットワーク化が進展した資本主義は異なるのが当然で，経営者に求められる能力も違ってくる。今日の「消えゆく手」の市場経済では，経営者は従来以上に広い視野・深い見識で市場を利用できるかどうか判断することが求められている。

以上のように歴史を振り返ると，ビジネスを取り巻く市場環境が変容し，企業に求められる課題も変化ないし多様化してきたことがわかる。換言すれば，それだけ謎を増やしてきたと言える。経営学の世界には謎が多いと感じられるのは，こうした理由からである。それゆえ，企業が大規模化し始めた19世紀末頃から登場する経営学は，見えざる手の市場経済が発展するにつれ増大した謎解きの積み重ねを通じて，企業経営の知見を広め，発展してきたと言っても過言ではなかろう。

たとえば，同じ製品をつくっても生産性に差があるのはなぜかという謎解きは，「科学的管理法」によって実践的に解明されてきたし，条件が悪くなっても人間はなぜ頑張るのかという謎は，「人間関係論」で明らかにされてきた。また，理想的な組織であるべき官僚制組織が，有効に機能しない謎の解明は，「官僚制の逆機能」という観点から進んだ。しかし今なお，目的を追求すればするほど「意図せざる結果[1]」に陥るパラドックス現象など，多様な側面で起こる謎が未解明なまま残っており，グローバル化やネットワーク化の進展によって謎は深まるばかりである。

まだ謎だらけの経営学の世界は謎解きの面白さを提供してくれるところである。本書は，そうした経営の謎を実感してもらうとともに，その謎解きの面白さをロジックで明らかにしていくことを目的とし，以下のような構成にしている。

(1) 経営学とは何か
(2) 現実の**企業経営**において生じている問題（企業の大半が株式会社，コーポレートガバナンス論，経営環境の変化）
(3) どのように経営問題が広がってきたかを**組織論**の観点から説明（組織構造論，組織行動論，組織マネジメント論）
(4) 企業経営の将来像を決定する**戦略論**（経営戦略論，競争戦略論）
(5) 現代の経営トピックス（集団よりチーム，組織文化，組織学習，組織変革）

さらに，経営のロジックの理解が深められるよう，章末には気になるポイントを指摘している。一般的に良いとされるアイディアを生かした組織体制を構築しても，特殊な企業だとロジック通りの結果が出ないかもしれない。このように，意図した通りにいかない側面も扱う経営学の謎解きの面白さは尽きない。

ようこそ経営学の世界へ。

1：沼上（2000）は，経営学の視点から意図せざる結果について論及し，理論的かつ実践的示唆を提示している。

第1章
経営学とは何か

本章の謎解明

- 経営学の捉え方がいろいろあるのはなぜ？
- 経営学が発展したのはなぜ？
- 経営学が実践的学問と言われるのはなぜ？
- 経営学の課題が増加するのはなぜ？

1. 経営学の多様な捉え方

経営学という名称は日本では当たり前に使われているが，英語圏では若干様相が異なる。経営学を英語に当てはめると，business administration ないし business management が相当する。しかし，その内容は企業経営よりはるかに狭く，企業の管理論を扱うにすぎない。日本で使われる経営学という用語には，こうした企業管理論ばかりでなく経営組織論，経営戦略論も含んでいる。そこであえて，日本独自の「経営学」とは何か，という問いかけをするなら，それは，何を研究対象とする学問なのかを問うことになる。

一般的に，何かを研究対象としさらにそれを特定しようとする場合，まずその対象について，「経験対象」と「認識対象」を区別することができる。経験対象とは，日常的に直接経験できるものとして研究者が経験してきた諸現象ないし諸事実のことであり，そこに複雑性と多様性がともなう。そして，経験したさまざまな現象のうち研究者にとって興味のあるものに絞り込むのが認識対象であり，それが当該分野の研究者にとって学問の研究対象と言える。

たとえば，生物学は身近に接する生物を認識対象として研究してきた学問である。心理学は自らも体感する人間行動の心理的側面を認識対象に，研究が進められてきた。経営学の主たる研究対象とされる企業組織は，経済学，社会学，心理学などをベースにする研究者にとってさまざまな経験・認識対象と言えるが，その複雑かつ多様な側面をすべて説明することはできない。そこで研究者は，それぞれの学問的視点から，企業という経験対象を選択・絞り込み，その一部を認識対象として研究を進めてきた。たとえば経済学の場合，企業内はブラックボックスとして扱い，企業の利益最大化行動を認識対象として理論モデルをつくっている。

図表 1-1　経験対象・認識対象

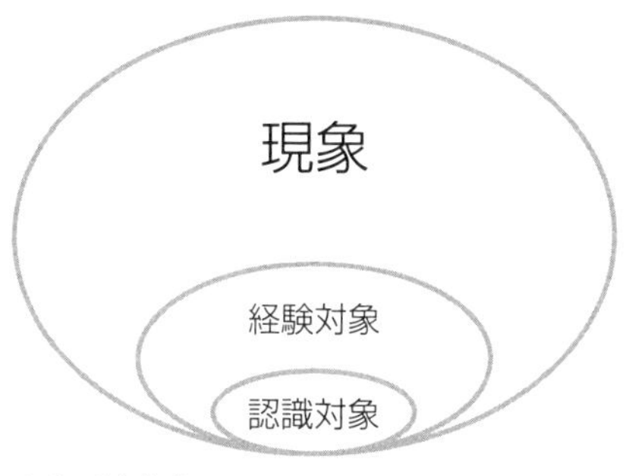

出所：著者作成

認識対象は，このように研究者の選択基準，つまりそれをベースとした選択原理によって経験対象から抽出されるものである。当然，研究者によって選択原理は異なり，たとえば経済学では「利益最大化」，経営学では「収益性」や「経済性」などが該当する。

20 世紀前半のドイツ経営学（経営経済学）の発展過程を振り返ると，その研究対象が「企業」，ないし「経営」であると言うように，研究者の認識対象の違いから研究者独自に経営学が捉えられてきた。その違いの理由は，同じ工場レベルの生産組織体という経験対象でも，そこから認識対象を抽出するのが収益性原理なのか，あるいは経済性原理なのか，といった選択原理の問題から生じたのであった。確かに，選択原理に基づく認識対象の特定によって，経営学の独自性を主張できるが，そのために，本来は明らかにされるべき現象が時に排除され，複雑な経験対象をすべて説明できる理論の構築は不可能になる恐れがある。認識対象の特定は，個々の研究者の資質に基づくもので，それが客観的で，絶対的な妥当性を有するものであるとは言いがたい。

こうした点から考えると，認識対象の厳密な規定は，経営学の発展にとって生産的というよりも，むしろそれを阻害するものと言えよう。しかし，研究対象の特定なくしては一貫した理論モデルの構築を進めることができないのも事実である。
以上から，経営学の研究対象は，研究者の主観的な選択原理の問題にならざるをえないとは言え，研究者間で認識対象を共有することも多い。そのため，それを経営学の捉え方としていくつかに分類することができる。たとえば，経営学の研究対象について，それを「経営」（山本，1961）とみなす見解をはじめ，「企業経営」（占部，1976），「協働体系としての企業」（岡本，1982），「企業」（榊原，2002），そして「あらゆる継続事業体」（日本学術会議，2012）とみなす見解などである。しかも，注意してみると，それらの中心に組織があるという共通点が見出される。経営学の研究対象を広狭どのように捉えるかは自由でそれぞれ相違があるものの，組織体を軸にすることによって，従来の経営学的研究の成果を包括して説明できるようだ。したがって，経営学と称される研究の多くが企業組織の諸問題（謎）の解明を志向してなされてきたとみなせば，経営学とは基本的に，企業組織にかかわる学問であると主張するのが当然とも言える。
しかし，現在展開されている経営学の研究は，企業も含め，組織の構造・プロセスにかかわる問題が中心に展開されており，「あらゆる継続事業体」という最広義の捉え方もうなずける。ただし，この定義だと，まだ研究もされてない事業体も含むことになり，経営学の研究対象とするにはあいまい過ぎると言わざるを得ない。そこで本書では，現代の経営学の研究対象を，経営学研究の歴史的発展に共通するものがあるという観点から，**持続的に事業を行う組織体**とした。現代社会において企業が事業を行う組織体を代表することは言うまでもないが，それ以外の組織体，たとえば，自治体，病院，学校なども対象に入れるのは，それらも事業を持続的に行っているからである。
もちろん組織体の研究は経営学だけに限らず，経済学，社会学，心理学などにおいても可能である。経済学では組織体の利己的な行動の経済的分析，社会学では組織体の構造・機能分析や制度的分析，そして心理学では組織メンバーの心理的分析を行っている。しかし経営学では，持続的に事業を行う組織体と言っても，その「目的→行動→成果」を常に視座において研究が進められるのであって，プラスの成果を意図して持続的に事業を行う組織体がもたらす問題解明が求められるのである。よって，成果の問題を欠いた組織体の議論は経営学とは言えない。

2. 経営学の方法と特徴

組織体の行動にはいくつかのバリエーションがみられるが，そこから普遍的なロジック（論理：将来も見通せる因果関係図式）を把握し，それを体系化することが経営学理論の目指すところである。そのためには，すべての組織体の行動に関する事実をもれなく収集・認識・整理することが必要である。しかし，われわれ人間の認知能力には限界があり，それらを完全に行うことは不可能である。それゆえ，理論構築のためにいくら大量のデータを集め統計的分析を行おうとも，そこでの認識は限られたものでしかなく，われわれは，ある程度の限られた経験的事実をベースにしながら仮説設定（仮設）をして，組織体の行動についてのロジックを探求せざるをえない。

理論構築に必要な仮説の定立は，経験的事実の蓄積とともに増えていくが，論理的推理によっても可能である。そして仮説の集合が形成されると，次に，各仮説の関係に論理的一貫性があるかどうかが研究者によって問われ（演繹），そこでもし問題がなければ，それが仮説的命題とされるのである。

しかしこのような命題は，特定の経験的事実とロジックの演繹によって導き出されたものでしかなく，一般的に真であると確証されたとはまだ言えない。仮説的命題は，経験的データとの関連で検証されて初めて，しかも反証がでない限りにおいてその命題とみなされるのである。社会科学としての経営学は，その理論構築において，このような近代科学を特徴づける方法論である仮設→演繹→検証という分析手続きをとることが必要である。しかも，そうするうえで，社会科学特有の障害があることも認識しておかなければならない。それは，社会科学の場合には自然科学と違って，実験という確かな検証方法を得ることができない点である。統計的推定法という優れた検証方法が考案されたとは言え，まだ社会科学では，コントロールすべき変数を実験室で行うようにうまくコントロールすることができない。とは言え，社会科学において，論理的分析を通じて相対立する命題がそれぞれ実証されることがある。

したがって，組織体の多様な現象を扱う経営学では，その理論構築をする際の仮説がきわめて重要であり，それを慎重に行わなければならない。そのために，多様性のなかから客観的な事実をできるだけ多く収集し，それを体系的に分析することで，仮説設定を行うことが必要なのである。経営学の研究はこのような方法に基づいて展開されるべきだが，そこにはいくつかの特徴がみられる。

第1は，**学際性**である。これは，経営学の研究対象を組織体（協働システム）であると規定することから生じる。たとえば，代表的な組織体である企業には，物的側面，社会的側面，経済的側面，人間的側面などの問題がすべて含まれており，その行動を総合的に解明する場合，経済学，社会学，心理学，法律学などの手助けが是非とも必要とされるからである。

第2は，**実践性**である。これは，経営学の生成・発展の起因と言える特徴である。特にアメリカにおいて明瞭で，科学的管理法以来，組織の能率向上のために有用な方策が探求されてきたからである。しかし実践性と言っても，目的達成の手段である技術論や政策論だけが問題とされるのではなく，それを裏づける理論が求められるのは言うまでもない。

第3は，**人間の主体性**である。他の社会科学と異なって経営学では，組織体行動の分析を組織メンバーの意思決定に注目して行う。それは受動的な人間というよりも主体的な人間の行動を重視するものである。

以上から，経営学が人間主体の学際的で，かつ実践的な理論志向をもった学問であることは間違いないと言えよう。

3. 経営学のアプローチと課題

経営学が研究対象とする持続的に事業を行う組織体は，その多面的な側面の諸活動が，専門化および秩序化の原理を中心に相互に調和のとれた活動を続けることによって，社会の制度として存在感を増す。トヨタ自動車など世界を代表する大企業は社会に大きな影響を与えるとともに，社会にとって欠くことのできない存在である。したがって，持続的な組織体を研究対象とする経営学は，いろいろなアプローチが可能である。

たとえば，経済的側面を中心にした経済学的アプローチ，人間的側面を中心にした心理学的アプローチ，社会的側面を中心にした社会学的アプローチ，システムを軸としたシステム論的アプローチなどである。1960年代以降，こうした多元的なアプローチを統一しようとした動きがあったが，混乱はおさまらず，クーンツ（1964）はその状況を「マネジメント論のジャングル」と表した。実際には，流行りのアプローチも登場したが，それぞれ長続きはしなかった。いずれにせよ，経営学のアプローチは研究者の立場によって異なり，その研究成果に矛盾が生じることもあるが，それがかえって経営学の発展の基盤になってきたとも言えるようだ。

組織体の「目的→行動→成果」を分析枠組みとするのが経営学であるという立場からすれば，組織体メンバーの行動を重視するアプローチ，すなわち行動論的アプローチも重要になる。組織体の行動は，組織体メンバーの体系だった行動として理解することが論理的だと思われるからである。

また，組織体にとって環境は無視できない要因であり，組織体の行動は，組織体が環境とのかかわりにおいてどのように活動し成果を出しているかという点を含んで捉えることも必要である。したがって，組織体を対象とする経営学では，組織体の行動メカニズムの解明ばかりでなく，組織体と外部環境との関係や組織体内部の環境が抱える問題の解決が，同時平行的に求められることになる。

組織体は，行動する場合いくつかの内的・外的問題に直面するが，その外的環境との関係から生ずる問題に対しては**社会性の追求**によって，また組織体内部において生ずる問題に対しては，組織体の行動が合目的的であるための**合理性の追求**と，組織体メンバーを機械ではなく人間として扱う**人間性の追求**によって対処するのである。それゆえ，こうした合理性の追求，人間性の追求，社会性の追求といった行動志向は，組織体が存続するうえで欠かせないものとなり，経営学の立場から言えば，これらこそ経営学の課題のエッセンスと捉えられるのである 。

しかし，経営学の課題は常にこれらに限定されるわけではない。また，なかには時代の要請によって重視されたりされなかったりするものがある。とは言え，実質的には経営学の発展に応じて増大しうるものである。たとえば，経営学発展の初期においては，科学的管理法を生み出した合理性の追求のみが経営学の課題とされていた。しかし次第に，人間関係論の展開とともに人間性の追求も組み入れられ，さらに環境問題が発生すると社会性の追求も課題とされるようになったのである。

現代の経営学はどうかと言えば，以上の展開からわかるように，依然としてこれらは普遍的な課題である。しかしながら，近年の驚異的な技術革新や企業活動のグローバル化・ネットワーク化の進展の影響から，創造性（革新性）の追求，持続可能性の追求なども経営学の新たな課題として多くの研究者の注目を集めるようになって

図表 1-2　経営学の課題発展

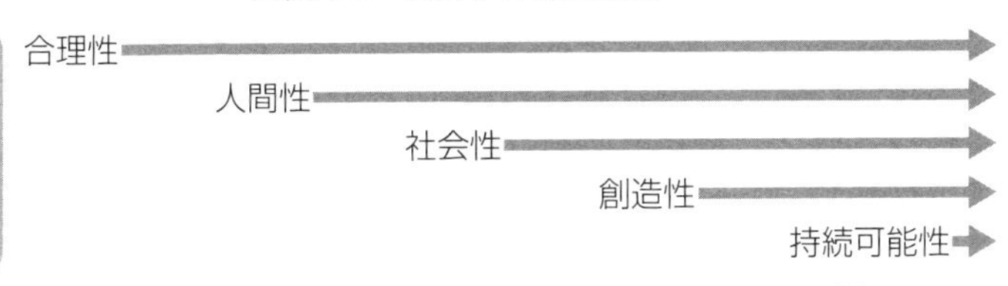

出所：著者作成

いる。

要するに，経営学の課題は産業社会の発展とともに，たとえば，経済のソフト化の進展や今後想定されるデジタル革命の進展や高齢化社会の到来とともに，増えざるをえないのであり，経営学はその課題解明に向けてますます重要な学問分野になると言えるのである。

本章のキーワード

経験対象，認識対象，選択原理，理論構築，学際性，実践性，主体性，合理性，社会性，人間性，持続可能性

☑1章の気になるポイント[1]

経営現象の「なぜ」

- なぜ，同じ製品／サービスでビジネスを行っているのに，国，地域によって営業利益比率が違うのだろうか？
- なぜ，産業によって利益率が違うのだろうか
- なぜ，同じコンビニ・ビジネスなのにセブンイレブンはライバルより1日当たりの売り上げが圧倒的に高いのだろうか？

損失を少なくしたい：2種類の損失

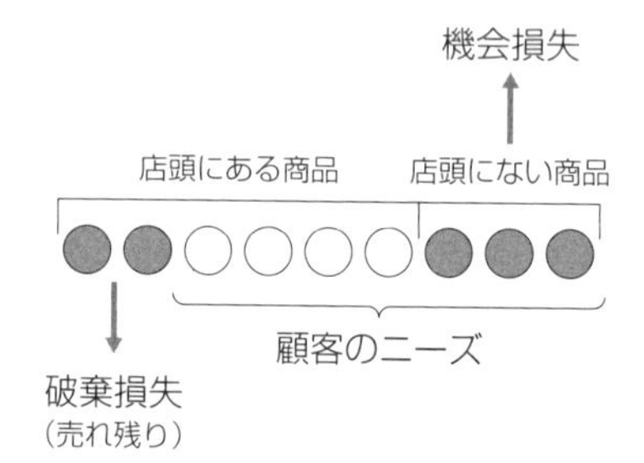

経営学を学ぶ面白さ（例として）

- なぜライバル企業と提携するのか
- なぜ企業は名称やロゴにこだわるのか？
- 人気商品が急に売れなくなることがあるのはなぜか？

トヨタ・マツダの資本提携

経営学の知識によってその秘密解明が可能

統合後の明治

meiji

Meiji
旧明治製菓

MEIJI
旧明治乳業

1：気なるポイント記載の図表について表記ないものはすべて筆者作成。以下同じ

第2章 社会的制度としての企業

本章の謎解明

- 企業が存在するのはなぜ？
- 企業活動と企業経営が違うのはなぜ？
- 株式会社形態が最も多いのはなぜ？
- 公企業が存在するのはなぜ？
- 独占禁止法が必要なのはなぜ？

1. 企業とは何か

現代社会において，われわれの生活は企業活動による製品・サービスの利用なくして成り立たない。実際，日々の糧を得るために働く場所，欲求を満たすための食べ物，エンターテインメント，体を保護する衣服，通信・移動手段など，われわれの生活のすべては企業活動の産物に依存している。その結果，企業活動そのものが社会にとって欠くことのできない制度的存在になっていると言える。

こうした特徴をもつ企業について，構造面，機能面，プロセス面などから，いろいろな捉え方ができるが，基本的に企業とは，**交換を前提として財・サービスを生産し，供給するといった経済的機能を，複数の人々の協働によって実現するシステム**である。サービスを協働によって提供するだけなら，ボランティア組織による街の清掃などいろいろな活動があるが，それらはサービスの対価（交換）を求めない活動であり，企業活動とは言えない。

企業は経済性を求める存在だが，民間が資本を提供する**私企業**は，国や自治体が資本的に支える**公企業**とは異なり，存続が容易でない。なぜなら，私企業は市場取引を前提に事業活動を行い，市場に価値ある製品・サービスを効率的に提供することが求められ，しかも，その提供する製品・サービスが，顧客にとって価値あるもの（得したと感じるもの）として継続的に取引されなければならないからである。それができない企業は，市場から信認されないため退場を余儀なくされ，存続ができない。また，顧客が求める製品・サービスは，市場環境の変化によって異なるため，一時的に市場（顧客）に受け入れられたとしても，それが継続するとは限らない。それゆえ私企業は，絶えず市場環境の変化に対応することも求められる。さらにライバル企業と競争している場合，そこが提供する製品・サービスよりも**顧客価値**を高めなければならないためなおさらであ

図表 2-1　企業システム

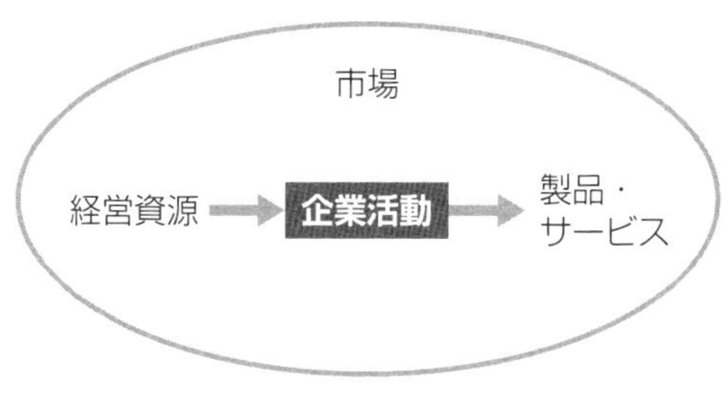

出所：著者作成

る。

今日，私企業でも大企業の社会における存在感は高いが，歴史的発展をみると，株式会社という企業形態の発明がその主たる要因である。株式会社の起源は，1600年のイギリス東インド会社，1602年のオランダ東インド会社の設立に遡ることができる。東インド会社は，それぞれ国王からの勅許状を得て植民地との貿易で利益を図る事業として，航海ごとに有限責任の出資者を募る方式で登場・発展してきた。すでに10～11世紀の中世ヨーロッパの商業都市では，事業活動を行う方式として，その出資者らによる共同事業であるソキエタス（societas）や，出資者が事業主と委託契約を結ぶコンメンダ（commenda）という組織体が創設され，長期にわたり事業活動方式の中心となっていた。しかし，企業規模の拡大はほとんどみられなかった。まさに，インプットした経営資源を体系的に有効活用するのが企業活動であり，それを行う株式会社という形態が今日の企業社会の源泉と言えるのである。

2. 企業の二面性

企業の基本的活動には二面性がある。つまり，資金の調達・運用を図りながら，他方で事業活動（製品・サービスの提供）を開発・

展開することが求められるのである。そして，資金的に余裕ができればそれを再投資するし，事業開発がうまくいけば，さらにその成長を図る。

また，企業活動を始めるには，まず物的資源（モノ，カネ）が必要であるのは明らかである。しかし，それだけでは活動が展開されず，複数の人々の協働が必要である。換言すれば，物的資源のロジック（合理性）とともに，人的資源のロジック（非合理性）が企業活動に影響を及ぼしており，企業にはこうした両立が難しい二面性もある。

物的資源のうち特にカネに関しては，経済的合理性のロジックを逸脱できないという特徴をもっている。たとえば，投資資金をみればわかるように，それは有利な投資先（リターン）を求めて常に移動する。したがって，投資した会社の先行きが怪しくなると，いち早くそこから退去（exit）して，新たな投資先に資金が流れてしまう。企業にとってみれば，長期の安定した資金が欲しいわけで，それが減少することは最も避けたいところである。一方，人的資源のロジックは，労働者の人間関係から生じる非合理性に特徴があり，自己利益追求ができるのに，人間関係が悪いとモラールの創出を欠くため，自己利益追求が不可能なこともある。

企業の二面性は以上の観点だけではない。企業行動を評価する場合，有効性（effectiveness）と効率性（efficiency）[1]の二面が問われる。有効性は行動結果に対する評価軸で，具体的には，どのくらい目標達成したかどうか（目標達成度）である。目標達成60%と120%では，評価に大きな差が出る。これに対して効率性は，手段の効率性に関する評価軸で，具体的には，最小の経営資源投入（インプット）で最大の成果・業績（アウトプット）を挙げられたかどうか（無

1：バーナード（1938）による効率性の捉え方は，組織メンバーの満足度を指しており，特殊であるため，翻訳書では「能率」と訳されている。

駄の削減）である。理想的には，有効性と効率性の最大化であるが，それは現実的でない。なぜなら，無駄を削減すればするほど，目標達成の方策が絞られてしまい，目標達成のハードルが上がるからである。また，目標達成に手段を選ばずという方針で取り組めば，無駄の削減はできなくなるからである。

いずれにせよ，企業の二面性問題は，有効性と効率性の関係から明らかなように，あちら立てればこちら立たずという，企業行動にトレードオフの問題があることを示唆するものである。しかも，企業経営において取り組まざるを得ない問題があること示している。企業経営は，企業活動の方向性を決定する側面をもっていることから，有効性と効率性の関係は単なる包括関係でなく，前者が企業行動の決定から実行までのプロセスにかかわるのに対して，後者は決定された枠内での行動にかかわるものである。

3. 私企業の会社形態と特徴

企業活動を行うには資金が必要であるが，出資者の背景は一律でない。そのため，出資形態の違いによって企業を区分することができる。出資者が国や地方自治体の場合，それは公企業であり，具体的な事業として例を挙げれば，金融機関から地下鉄・バス事業まで多様にある。これに対して，出資者が民間である場合は私企業と言う。また，出資者に官と民の両者がいる公私混合企業と称されるものもある。こうした出資形態の違いによる企業の区分とは別に，出資者の責任形態（無限責任あるいは有限責任）からも私企業の識別が可能であり，2006年施行の会社法により，基本的に持分会社（合名会社，合資会社，合同会社）と株式会社に区分整理されることになった。

持分会社とよばれるのは，出資者である社員の地位を持分とよぶことに由来するからであり，株式会社は出資者である社員の地位は株主である。企業形態別の特徴をまとめると，以下のとおりである。

(1) **合名会社**：出資者すべてが無限責任を負って共同して企業活動を行う形態である。そのため，自らの持分の譲渡には他の出資者の承諾を必要とし，親子，親戚などきわめて密接な間柄の人的結合の形態である。

(2) **合資会社**：出資者の責任が無限責任だけでなく有限責任もある形態で，合名会社に比べ資本の調達が容易である。しかし，有限責任社員は出資分において責任を負い，経営には直接タッチしないという特徴をもっている。経営機能を担当する出資者には無限の責任のリスクがあるため，事業拡大には慎重であり，持分の譲渡には無限責任の出資者全員の同意が必要である。

(3) **合同会社**：出資者すべてが有限責任で，共同事業を行うことが想定される形態であるため，所有と経営が一致している。ただし持分の譲り受けができず，資金調達の道も限られており，一種の事業組合と言える。

(4) **株式会社**：会社として最も多い形態で，社会的に認知度も高い。今日の社会経済の中心的な担い手となっており，わが国会

図表 2-2　組織別・資本金階級別法人数

区　分 (組織別)	1,000万円以下 (社)	1,000万円超1億円以下 (社)	1億円超10億円以下 (社)	10億円超 (社)	合　計 (社)	構成比 (%)
株式会社	2,256,156	337,164	13,838	5,519	2,612,677	91.2
合名会社	3,191	133	1	—	3,325	0.1
合資会社	12,042	438	1	1	12,482	0.4
合同会社	159,035	935	140	22	160,132	5.6
その他	56,854	17,789	557	570	75,770	2.6
合計	2,487,278	356,459	14,537	6,112	2,864,386	100.0
(構成比)	(86.8)	(12.4)	(0.5)	(0.2)	(100.0)	

出所：2021 年度国税庁会社標本調査

社の95％弱が株式会社である。出資者全員が有限責任であるとともに，出資者でなくても経営に携わることができる。

いずれの会社形態であっても，企業にとって調達が難しいのは資金である。この点について，銀行から資金調達する場合や債券発行の場合には金利とともに元金の返済義務が生じるが，もし株式発行による資金調達が可能なら，金利も返済義務もともなわないため，企業にとってこれが最も有利な方法である。また出資者にとっても，株式への投資は有限責任で，リスクが計算可能な出資範囲に限られるうえ，配当や株価形成など高リターンが期待できるので投資の魅力がある。このように株式会社形態は，企業と出資者双方にとってメリットがあるため，わが国で最も数の多い会社形態となっている。

株式会社の歴史は長く，その過程のなかで，次第に特徴を生み出してきた。他の会社形態と異なる点を整理すると，①所有と経営の分離，②資本の証券化，③会社機関の設定，④出資者の有限責任を挙げることができる。

所有と経営の分離は，企業規模が増大するにつれ，**株式の分散**により相対的に支配力のある大株主が少なくなるとともに，会社経営に必須な専門知識が求められるようになることから生じる。出資者（所有者）でなく経営の専門家が経営に携わる特性である。

資本の証券化とは，資本分割した均一な小口証券（株式）を出資額に応じて配分するとともに，それが証券として流通可能になり，その譲渡が自由になることである。これにより，少額の出資者も募りやすくなり，企業にとって資本の調達が容易になる。

近年の情報化技術の進展により，2006年施行の新会社法では株主に対する株券の発行は必要でなくなった。また，2009年からすべての株券が電子化され，額面株式も廃止されている。ちなみに2017年3月現在，わが国株式会社の資本金額，株主数をみると，金融系で最大は「ゆうちょ銀行」の3兆5000億円，株主約54万人，メーカー系で最大は「ソニー」の8600億円，株主50万人，商社系で最大は「三井物産」の3414億円，株主約32万人である。まさに，会社の規模が大きいほど株式が分散していることがわかる。多数の株主は，経営に関与するためでなく投資リターンを主眼としており，所有と経営の分離は避けられない現象と言える。

会社機関の設定は，出資者が所有者であるにもかかわらず，経営に直接タッチすることが容易でないため，経営者の横暴によって阻害される可能性のある出資者の権利を担保するために設定されるものである。株主総会，取締役会，監査役会などがその代表的な機関であったが，近年，コーポレートガバナンス強化の流れのなかで，社外取締役の活用など会社機関の見直しが法制化され，ガバナンス体制の違いで法的な機関設定も異なっている。

出資者の有限責任とは，企業の事業リスクと異なり，出資者のリスクの範囲が出資額を限度としたものであり，企業の信用を出資者個人の信用に求めないということを意味している。それゆえ，株式会社の信用は会社の自己資本に基づくのである。ただし，合同会社も有限責任であるため，これが株式会社独自の特徴と言い難い。しかし合同会社の場合，出資と経営が一体化している持分会社であるため，出資者のリスク範囲が広い点で有限責任の意味合いが異なる。

以上，株式会社の特徴から，わが国企業の約95%が株式会社である背景は理解できる。しかし，新会社法によりスタートした合同会社は，当初619社，そのうち資本金1000万円以上1億円未満が11社，残り608社が資本金1000万円未満であったにもかかわらず，2015年度には総数49,807社，しかも資本金10億円以上の会社が14社を占めるなど，その変貌ぶりは目を見張るものがある。こうした現象がなぜ起こったのだろうか。その理由を紐解くには，合同会社の特徴をみておく必要があろう。以下は，株式会社との比較で際立った点である。

まず設立費用について，株式会社の場合は約20万円かかるのに対して，合同会社は約６万円＋ α で済んでしまう。配当は，株式会社の場合，株数に比例するものだが，合同会社の場合は持分に関係なく，会社への貢献度に応じて自由に設定できる。また，役員の任期は，株式会社の場合，法的な期限があるのに対して，合同会社の場合は期限の制限はない。さらに，決算公告について，株式会社では公告義務があるのに対して，合同会社には公告の義務がない。

こうみると，大規模な外資系企業（アマゾン・ジャパン，アップル・ジャパンなど）がこぞって，株式会社から合同会社に移行した理由が理解できよう。なぜなら，配当が持分に関係なく決定できる点，決算公告の必要がない点は，株式会社ならば当たり前である面倒な情報公開を避けることができるというメリットを大いに享受できるからである。

また小規模企業でも合同会社が増えているのは，株式会社に比べて法的な規制（たとえば株式総会，取締役会議事録作成など）が緩いからである。

4. 公企業の特徴

公企業は，私企業が自らの利益を追求するのに対して，公益を優先させる事業活動を行う。具体的には，社会保険事業，交通運輸事業，国土開発事業，金融事業など多様であり，国や自治体の政策のための事業分野（日本政策投資銀行，都市再生機構，日本貿易振興機構など），あるいは多額の資本を要し公共利益を確保せねばならない分野（日本放送協会など），また公共団体が財政収入を目的とした分野（日本中央競馬会など），社会資本の整備のための事業分野（都営地下鉄など），さらに一般福祉や民間活力を生むための事業分野（日本学生支援機構，科学技術振興機構など）で公企業が活動している。

公企業体の種類として，①純粋行政企業（一般の行政機関とまったく同じ制約を受け，人事・財政などすべて公共団体に従属している企業），②独立公企業（純粋公企業のもつ経営の非効率を克服するためにできるだけ行政上の制約をなくした企業），③独立経済体の公企業（公共性と民間の経営効率の両面を併せもつべく特別法によって自治権および独立の法人格が与えられた企業，公共事業体とも言う），④私法形態の公企業（特別法によらず公共団体による出資による株式会社形態をとる企業）がある。

わが国では20世紀末以降，公企業について，電信事業，たばこ販売がそれぞれNTT，日本たばこ産業株式会社に，また日本国有鉄道がJR東日本をはじめ地域ごとに民営化されるなど，民営化が急ピッチで進んだ。これは，たとえば民間主体のバスや航空機など，鉄道の代替サービスが充実してきたため，あえて，税金垂れ流しの鉄道輸送業を公企業として維持存続する必然性が薄くなったことを主因としている。日本国有鉄道がJR東日本などに分割民営化されたように，この現象は公企業としての存在意義が問われる業種から始まり，現在進行中である。

公企業は，基本的に民間企業では経済的に持続可能でない事業という点に存在意義があり，社会にとって欠くことのできない，しかも公益に沿う事業を行う組織体と言える。しかし，公企業だからこその問題点もある。それは，①**赤字体質**，②**天下り**である。

赤字体質は，出資母体が政府や自治体であるがため，赤字でも資金繰りに困ることがないという認識が公企業内に蔓延し，収益性や経済性への関心が薄れ，それが結局のところ，税金の無駄遣いという社会的批判にさらされることになる点である。

また，出資母体となる政府や自治体から役人が落下傘の如く経営トップに天下るのは，大株主だからという点で形式的に問題はない。だが，実質的に当該事業に経験が乏しく，経営能力を欠いた者でも天下りとして経営トップ層を担うことになる点で弊害をもたらす。これは換言すれば，生え抜きで能力があっても経営トップに這い上がれないという問題，そして，そうした状況がもたらす従業員のモティベーション低下という問題でもある。

5. 独占禁止法

自由経済体制のもとでの企業は，事業の拡大によって市場支配力をもてばもつほど，寡占化もしくは独占化への道を歩む。この過程において，企業は自己利益のため，企業間でカルテル，トラスト，コンツェルンなどの企業結合・集中を形成しようする。多くの産業分野にわたり大企業もしくは企業結合が市場を独占するようになると，独占企業は価格を意のままに設定したり，ライバルがいないため新しい製品の開発を遅らせたり，イノベーションを行わなくなる可能性が高まる。その結果，自由主義経済の基本的前提である自由競争や公正な経済活動が妨げられ，経済の停滞そして衰退をもたらすことになり，結果的に社会の損失につながると想定される。

19世紀後半以降，他国と比べて早くから大企業化や企業結合の現象が進んだアメリカにおいて，市場独占の弊害が顕著になったことを契機に，米国政府は企業の市場独占行動を規制するため，1890年に反トラスト法（通称シャーマン法）を制定し，さらに1914年にクレイトン法，連邦取引委員会法を制定した。わが国においては，戦後になって1947年4月にようやく企業行動を規制するための「私的独占の禁止及び公正取引の確保に関する法律」（通称独占禁止法（独禁法））が制定されたのである。

独占禁止法は，自由競争と公共の利益擁護のため不当と思われる企業結合を将来にわたり制限・禁止しようとする法律であり，市場経済を前提とする国にとっては，**経済の番人**と称される重要な法律である。

この独占禁止法に基づいて，企業の市場独占行動とみられる企業結合・集中を監視する機関が**公正取引委員会**（委員長 1 人，委員 4 人）である。公正取引委員会は，事務局が調査した結果から，各企業が市場の独占あるいは不当取引行為を行っていないか，また不当な事業能力の格差が生じていないか，さらに不公平な競争手段が用いられていないかどうかを，市場の裁判官として判断し，当該事実が認められた場合，これを禁止・排除するために必要な措置を対象企業に命ずることができる。

企業の結合・集中による生産，販売，価格などの弊害を取り除き，企業間に自由かつ公正な競争を維持するための独占禁止法の基本的な内容は，①カルテル行為の禁止，②不当な事業能力の格差を生ずると思われるトラスト，コンツェルンの禁止，③不公正な競争方法の禁止である。とは言え，法律は人間の意図が反映するものであり万能ではない。わが国の独占禁止法は 1947 年の成立以来 1997 年まで，意図的に**持株会社**を禁止してきた。これは，本来の独占禁止のためでなく，戦前の財閥本社が持株会社だったため，財閥解体の一環としての措置だと解釈される。しかし，市場がグローバル化するなかで，持株会社が禁止されている国はなく，1997 年にようやく持株会社が解禁され，今や大企業の多くが持株会社（明治ホールディングスなど）に移行している。

本章のキーワード

企業，企業の二面性，効率性と有効性，株式会社，合同会社，所有と経営の分離，株式の分散，資本の証券化，経済の番人，公正取引委員会

☑2章の気になるポイント

企業の二面性

➤**資本**のロジック⇒経済合理性

➤**人**のロジック⇒限定合理性
⇒自己主義 → 利益追求，正当化
⇒利他主義 → 社会性，正義
} 組織人格を形成

企業の諸問題

✓資本問題 ⇒ M&A（合併）
戦略的提携
株式上場

✓事業問題 ⇒ 価格戦略
差別戦略
新規事業開発

} **経営問題**

企業間競争が経済成長の原動力

- 企業間に競争がある（自由競争）メリット
  ⇒価格競争
  ⇒製品開発競争
- 企業間に競争がない（独占）デメリット
  ⇒価格の高止まり
  ⇒イノベーションが起こりにくい

独占禁止法の存在意義

企業集中（カルテル・トラスト等独占的行為）は，競争を制限・排除（消費者の利益に反する）するため
↓
独占禁止法が必要
（私的独占の禁止及び公正な取引の確保に関する法律）

公正取引委員会

独禁法の番人
☆委員長＆４人の委員
★内閣府の外局
⇒二つの顔‥‥法執行官庁の役目
政策官庁の役目

☆独禁法の目的：私的独占，不当な取引，不公正な競争を禁止し**消費者利益を確保**

第3章

企業の目的と社会的責任

本章の謎解明

- 企業の目的が利益追求だけでないのはなぜ？
- 利益が結果という主張が成り立つのはなぜ？
- 企業の非経済的目的の測定が難しいのはなぜ？
- 企業に社会的責任が問われるのはなぜ？
- 人間でない企業に倫理が求められるのはなぜ？

大半の企業は株式会社形態をとって意図的な経営行動，つまり企業目的を達成しようと行動している。こうした企業目的に関して，具体的に何を意味するかいろいろな見方があるが，伝統的な企業論では，利益追求が企業目的とされる。しかし，現実の企業行動を観察してみると，利益に直接つながるとは思われない行動があり，利益追求という見方では説明のつかない現象が多々みられる。たとえば，赤字続きで将来性がないと客観的にも判断される事業の継続や，根拠のない海外進出など，企業行動において利益につながらないケースである。

企業の生成・発展のプロセスを振り返ると明らかなように，企業行動は，小規模から大規模へ，単純な事業から複雑な事業へと変化するにつれ，ますますその制度的性格を強めてきた。これは，企業が社会の一員として認められ，社会において欠くことのできない存在になったことを意味する。したがって，企業行動を理解するためには，社会的な影響要因を考慮する必要がある。

実際は，上記のように伝統的な企業モデルでは想定できないような，利益と直接かかわらない企業行動が広くみられるようになったことから，企業行動は単一の目的でなく，多元的な目的を達成するためのもの，と理解されることが多くなっている。つまりこれは，利益追求を唯一の基準とする単一目的の見方から，複数の目的を基準とする多元的目的の見方への変容である。

1. 単一目的論

伝統的な企業論では，企業の目的を利益追求，とりわけ利潤の極大化であると捉え，それによって企業の行動原理を明らかにされてきた。しかもその捉え方は，企業が創業者（企業家）のものであるという考えをもとにしており，企業の目的は創業者の意図に他ならないとみなされていた。確かに，企業がまだ小規模で，創業者の意思が企業行動に直接反映される場合，この目的観は該当するであろう。しかし，成長し大規模化した企業においては，状況が異なる。と言うのは，大企業になると，その行動による社会的な影響力が増すとともに，所有と経営の分離によってプロフェッショナル（専門）経営者支配が確立し，創業者が直接経営にタッチすることが難しくその影響も限られてくるからである。

専門経営者の出現は，企業行動の変質をもたらし，創業者が意図した利益追求（利潤極大化）ではない，新たな企業目的追求行動の理解を必要とする。そこで想定されたのが，長期利潤極大化や，売上高極大化，成長率極大化といったより細分化された利益追求仮説である。

長期利潤極大化説は，企業がゴーイング・コンサーン（継続事業体）である点に着目した見方で，現実の企業行動は，長期的にみれば利潤の極大化を目指している仮説である。企業は大規模化するにつれ，固定資本を膨大に抱え込むため，長期的に資本の有効活用を図らなければならない。そこで企業は，継続的な事業体として長期的な観点から利潤獲得行動をするとみなすことができるのである。

一方，売上高極大化説は，必要最小限の利潤を確保するという制約条件のもとで，企業は売上高の極大化を目指して行動している，という仮説である。売上高の増大は，資金の調達，顧客の信用，経営者の報酬，従業員へのインセンティブなどに直接かかわるものであり，経営者はそれを，社内外から最も正当性を確保できるものであり，企業目的として追求すると想定するのである。

成長率極大化説は，経営者の効用関数を極大化するのに重要なのは企業の規模それ自体ではなく，成長であるということを主張する仮説である。

以上のような企業の目的に関する単一目的論は，主に経済学者による経済人モデルを前提とした見方で，企業の経済的合理性を極大化原理（最適化原理）で説明しようとするものと言える。しかし，規模が拡大し多様な行動を展開する現代企業の目的を説明するものとしては不十分である。

2. 多元的目的論

現代の大企業の行動は，単に経済的利益を追求するばかりでなく，非経済的目的をも追求している。企業は，多様なステイクホルダー（利害関係者：従業員，経営者，株主，消費者，地域住民，行政体など）と相互作用しており，企業の目的達成行動は，規模が拡大するにつれ，ますますそれらの圧力を反映したものにならざるを得ない。こうした観点から，企業の目的は，ステイクホルダーの多様な要求に応える多元的なものと考えられる。

単一目的論が利益の極大化原理から説明されるのに対し，多元的目的論は，相反する目的の達成を想定するため，満足化原理によって展開される。これは，各ステイクホルダーとの相互依存活動において，経営者（意思決定者）は情報の不完全さ，その能力不足などにより，**限定された合理性**（bounded rationality）のもとで行動せざるをえないからである。それゆえ，この限定要因をできるだけ克服するために，専門化の原則により構築される組織の階層性に応じて，目的も抽象的なものから具体的なものへ，しかも目的一手段の連鎖状況で企業が行動すると把握されるのである 。

ドラッカー（Peter Drucker：1909-2005）は，企業は制度的存在であるという立場から，利潤極大化という企業の単一目的論を非現実的だと否定し，企業の存続・成長という企業に課された制度的な目的観を軸とする多元的目的論を展開している。

企業が社会の制度的存在であり続けるには，何らかの基盤がなければならない。そこでドラッカーは，これを**顧客の創造**に求め，これこそ企業の目的だと主張した。社会的制度である企業にとって，顧客の創造が最重要であることを指摘する理由は，経営資源を活用して生み出した製品・サービスに最終的に価値を付与するのが顧客だからである。企業の将来性，そしてその事業が成功するかどうかは，企業自身が自己の製品・サービスをいかに捉えるかにあるのではなく，それを顧客が価値あるものとみなすかどうかが，新規顧客の創造につながるとして重要なのである 。

ドラッカーが顧客の創造を企業目的の核心とするのは，制度的存在としての企業に求められるさまざまな経営目的，すなわち，①マーケットシェア，②イノベーション，③生産性，④物的・財務的資源の活用，⑤収益性，⑥マネジャーの評価・育成，⑦従業員の評価・育成，⑧社会的責任，を制度的に正当化するためである。

ところで，ドラッカー（1973）は，通説とは異なり利益追求を企業の目的として扱わないが，利益そのものを否定しているわけではない。「**利益は原因でなく結果である**」（p.71）という認識をもとに，利益は企業の業績を判定しうる唯一の基準でありながら，企業の存続・成長にとって必要不可欠な未来費用をカバーする財源とみなしているのである。したがって企業は，顧客の創造をするためにも必要最小限の利益を上げることが当然視される。

こうした企業の外的視点（市場環境）によるドラッカーの見方に対して，アンソフ（Ansoff, 1965）は，内的視点（経営資源）からみた多元的目的論を展開している。アンソフによれば，企業の目的には経営資源の転換プロセスを効率化するための**経済的目的**と，ステイクホルダーに対する**非経済的目的**（社会的目的）がある。そして，企業行動に主たる影響を及ぼすのは前者であり，後者は副次的な影響を及ぼすにすぎない。また，企業の社会的責任と制約要因（企業の自由な活動を制約する決定ルールで，たとえば最低賃金制度）の認識も企業行動に影響することを明らかにしている。

アンソフにとって企業の経済的目的は，経営資源に対する長期的成果の極大化であり，具体的には投資利益率（return on investment：ROI）が挙げられる。そして，長期の ROI を正確に予測し目標とするのは困難であるため，それにプラスに作動する可能性のある要因，たとえば，外部的な競争力に関する売上高成長率や市場占有率の増大，内部的な能率に関する売上高利益率や運転資本回転率を下位目的として明示している。また，将来の予測不能な事態（危機と機会）に対応しうる柔軟な目的の設定も必要とされ，危機（リスク）を最小のものとするための防御的目的や機会（チャンス）を最大にするための攻撃的目的，さらに，危機に対応する緩衝材を意図した流動比率や負債比率など，財務体質の流動性保持も目的とされる。

以上のようなアンソフの企業目的論は，経済的目的である長期ROIの極大化を企業の基本目的としながらも，その下位目的を提示し，多元的目的論をなしているのである 。

多元的目的論は，ドラッカーやアンソフだけが主張しているわけでなく，今日では経営学者の大半が主張しており，経営学の特色ともなっている。ただし内容の点で，制度的観点から，経済的観点から，あるいは組織論的観点からなど，見方の違いで議論の余地は大いにある。これは，研究者の企業観につながる問題である。

3. 企業の社会的責任 (Corporate Social Responsibility：CSR)

既述のように，今日，企業は社会のなかで最も影響力のある制度の1つとなっている。そのため企業は，規模を拡大して社会への影響力を増すにつれ，社会との関係のあり方という新たな課題を付与される。たとえば，企業の社会的責任，企業倫理，ステイクホルダーとの関係強化の問題である。

企業の社会的責任（CSR）は，近年急に生起した問題ではなく，企業にとっては古くからの課題である。わが国の場合をみても，**経済同友会**の次のような一連の提言がそれを物語っている。すなわち労使対立の解消を求めた1956年の「経営者の社会的責任の自覚とその実践」，社会から公害問題の元凶とされた企業への対応として提言された1973年の「社会と企業の相互信頼の確立を求めて」，企業の不祥事続出に対して信頼回復と持続的価値創造を求めた2003年の「市場の進化と社会的責任経営」である。

これらは，それぞれの時代状況を反映しているが，企業経営者が社会的責任を次第に自覚してきた表れでもある。しかも，社会的責任の内容が，単に労働者に対するものから，社会の秩序，社会からの信頼へと，より複雑なものになってきている。

世界に目を転じると，CSRの発想が登場したのは20世紀初頭である。当時企業は，テイラー・システムやフォード・システムが広く伝播するなかで，規模の拡大をするとともに社会的影響力を増し，時には，社会の秩序を乱す反社会的行動や競争を排除する独占的行動をなす存在として非難されることもあった。一方で，そうした時代変化を認識する創業者のなかには，コンラッド・ヒルトン（1887-1979）など，その影響力を経済的目的である利潤極大化のためだけでなく，より広範な社会的目的のためにも用いることを財界に提案した者もいた。その際，発想の基盤となったのが，チャリティー原理（Principle of Charity）とスチュワードシップ原理（Principle of Stewardship）という西欧社会の社会的行動基準である。

チャリティー原理とは，社会の裕福な人は不運な人に対して慈善的であるべきだ，という考え方である。たとえばこの考え方から，鉄鋼王カーネギー（Andrew Carnegie）をはじめ成功を収めた創業者たちが，大学・病院の創設や，社会的寄付・慈善的事業活動を行った。そして1920年代になると，成功者の個人的なフィランソロピー（文化や福祉への支援活動）から企業によるフィランソロピーへと発想のシフトが起こり現在に至っている。多くの企業にとってCSRとは，基本的に，この種の社会的事業ないし社会貢献活動であると認識されている。

スチュワードシップ原理によるCSRは，基本的に，経営者を出資者（株主）のために働く財産管理人であるとみなすことによる考え方である。すなわち，経営者は出資者の資金受託者としての責任があるため，企業行動において株主の投資効果の観点も考慮して経営資源を有効活用する，という考え方である。そしてこの原理から企業の経営者は，株主以外のステイクホルダーからも要請を受けた立場として責任がある，とみなす考え方もできる。企業はその行動によって影響を受ける関係者（ステイクホルダー）の利害を考慮すべきである点に着目した，ステイクホルダー的アプローチによるCSR論に発展した。いずれにせよ，CSRが問われるのは，行動の結果である。したがって，責任問題はロジカルに考えて，事後規制としての特徴があると言える。

4. 企業倫理

CSRが問われるようになった背景には，企業の専横な反社会的行動がある。日本では，戦後間もない1950年代の労働争議に端を発する経営側の責任自覚という限定的な責任として認知され始めた。ところが世界的には，1960年代にアメリカで起こった公民権運動，環境保護運動，消費者運動などの社会的運動の高まりによって，企業業績は経済効率性だけではなく社会的な評価も必要だ，と認識されるようになったのが契機である。そして，企業行動を評価する際に用いられる概念として，CSRの他に企業倫理が挙げられる。

CSRや企業倫理の根底に，企業には製品・サービスの提供を通じて，株主に対して十分な利益を創出するという経済的な機能の他に，社会における制度として，社会的機能を果たす責務があるという考え方がある。一見すると，内容が似ていると思われるCSRと企業倫理だが，両概念を比べると違いがある。

エプスタイン（Epstein, 1996）は，両者は矛盾するところがある一方，時には重複し，相互に関連することを明らかにしている。そして，企業倫理は，社会的な行動基準による内省によるものであって，社会的価値観に基づくとともに，経営者の経営理念，行動基準に基づくものである。つまり，企業が行動する際に拠り所とする道徳的内省と道徳的選択（絶対的・普遍的基準である道徳の視点からその行動を決定すること）と言える。

企業倫理は主観的な道徳哲学用語（正義，正邪，善悪）を用いて判断されるが，CSRは，経営者責任より企業の組織的行為が強調され，また行動の結果から客観的に可否が問われる。つまり，CSRが問題となるのは結果として顕在化したものであり，事が起こらない潜在的可能性はCSR問題にはならない。ところが企業倫理は，事が起こった場合の原因追及や事が顕在化しないための歯止めと捉えられる。要するに，事前の企業倫理と事後のCSRと言える。

これらの概念はいずれも，経営者の行為に対する評価，その成果に対する評価を行う際にも用いられる。企業倫理が実際に問われるのは，事が起こってからその原因が訴求されたときであり，事の成否を判断する際にはキーポイントになることもある。すなわち，企業行動を倫理的に分析する際には，行動の成否や善悪に関連した問題が取り上げられる。ナッシュ（Nash, 1990）によれば，企業倫理は基本的に次のような意思決定の選択内容に応じて分類できる。

- 法律に関する選択（法律に従うべきか否かの選択）
- 法律の守備範囲を超えた経済的，社会的問題に関する選択（グレーゾーン部分の選択）
- 自己利益優先に関する選択（自分の利益をどの程度優先させるかの選択）

今日，企業倫理の問題とされるのは，多国籍企業の第三世界における搾取行動，健康を害する産品の生産行動，人種やジェンダーによる差別待遇，企業と政府の癒着関係などであり，それらの現象に対して，なぜそうしたことが起こるかが原因究明されている。

企業と社会のあるべき関係は，グローバル化やネットワーク化が進展するなかで，変容せざるを得ない。それは，企業行動が従来の個別な環境から多様な社会環境のなかで行われるようになったからである。今日脚光を浴びるCSRと企業倫理の問題は，その理解にロジカルな判断だけでなく価値判断が求められる。さらに，たとえば企業の不祥事に対して，経営者と企業のどちらが責任をとるべきか，また倫理的であるべきかという問題の理解も同様である。こうしたことから，経営学の誕生期には当たり前だった規範論を改めて見直す動きがでてきているのも当然かもしれない。

5. 共有価値創造 (Creating Shared Value：CSV)

2010年代になっても，フォルクスワーゲン，東芝，神戸製鋼など，企業の不祥事が後を絶たない。そして，不祥事が報道される度に，CSRや企業倫理の議論が盛んになるが，次第に収束するという繰り返し現象も止まらない。また，ESG投資（環境：Environment，社会：Social，企業統治：Governmentの要請にきちんと対応している企業に投資）や統合報告書作成（従来の財務情報とCSRなど非経済的情報を合わせた決算報告書）など，企業活動に関する外部からの圧力も増しつつある。いずれにせよ，企業が置かれている環境は，かつての20世紀のモノ不足の時代とはまったく異なる様相である。

そうしたなかで，ポーター＆クラマー（Porter & Kramer, 2011）が提案したCSV（共有価値創造）の発想は，世界中で広く議論をよんでいる。CSVとは，企業が社会の困難な課題を自社の強みで解決することにより社会価値を高めながら，経済価値も高めて持続的な成長を可能とするものであり，イノベーション・オフセット（初期投資の費用は，イノベーションを誘発するような政府規制によって相殺できる）という概念を前提としている。つまり，企業が求めなければならない社会価値と経済価値の2側面について，トレードオフ関係にある両者を同時に実現しようとする考え方である。

日本企業は，この概念が紹介される以前から，公害問題の拡大を契機に環境規制が急速に強化されたことによって，大気汚染という社会的な課題の解決策として，クリーンなエンジンの開発などを通じて環境技術のイノベーションを起こし，先進的な省エネ技術を生み出してきた。これは，社会的な価値をもたらす環境技術が新しいビジネス分野の開発へと発展した事例である。

CSVは確かに新しい概念だが，それに相当する事例は上記のように以前からある。その点で，評価すべき概念ではないという批判も成り立つが，こうした新しい発想を的確に表現できる概念があればこそ，それが広く伝播され，社会性と経済性を両立できる企業も現れるため，その意義は高い。ポーターによれば，社会的な課題のなかにビジネスの機会が潜んでいるのであり，換言すれば，この課題解決がイノベーション創出の源泉なのである。

CSRとCSVを比較してみると，前者が事後的・受身的な考え方であるのに対して，後者は，事前的・能動的な考え方である。したがって，両者は相補的な関係にあるとみることもできる。

本章のキーワード

多元的目的，ゴーイングコンサーン，限定された合理性，
顧客の創造，経済的目的，非経済的目的，チャリティー原理，
スチュワードシップ原理，CSR，企業倫理，CSV

☑3章の気になるポイント

企業の目的

▶単一目的論　⇒　エコノミストの見方
☆長期利潤
☆売上高極大化
☆成長率極大化

▶多元的目的論　⇒　経営学的見方
①マーケットシェア, ②イノベーション, ③生産性,
④物的・財務的資源の活用, ⑤収益性, ⑥マネジャーの評価・育成,
⑦従業員の評価・育成, ⑧社会的責任

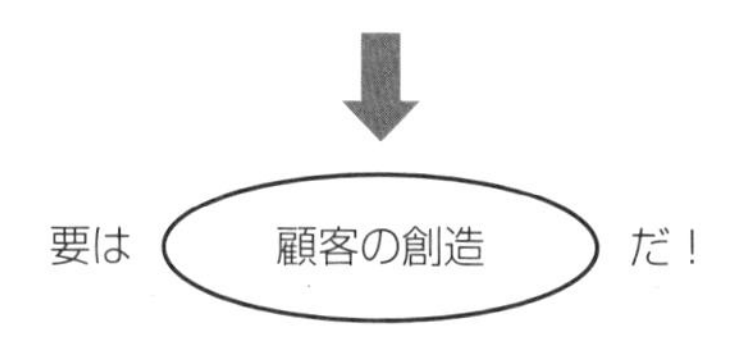

★ドラッカーによれば，**利益は結果**である

企業の社会的責任（CSR）

▶企業行動の責任内容
⇒経済性（株主に対して）
社会性
（ステークホルダーに対して）
道徳性（企業自身に対して）

◆社会的責任肯定論⇒通説
(a) オープンシステムとしての
企業→**機能責任**
(b) 社会に対する幅広い影響
→**反応責任**

◆社会的責任否定論
⇒少数説M．フリードマン
：公益の実現は政府がやるべき

企業倫理（ビジネス・エシックス）

企業倫理とは
→企業の社会的な内省であって，一般的に認められている社会的価値観にもとづくよう企業活動を規制するもの

☆**事前規制**としての倫理
★**事後規制**としての責任

第4章
ステイクホルダーとコーポレートガバナンス

本章の謎解明

- ステイクホルダーの視点が重要なのはなぜ?
- ステイクホルダー・エンゲージメントが必要なのはなぜ?
- 株主反革命が起こったのはなぜ?
- 自社株買いが多くなったのはなぜ?
- コーポレートガバナンスが求められるのはなぜ?

1. ステイクホルダーのマネジメントからエンゲージメントへ

企業は，成長するに従い社会の制度として存在感を増す一方，その活動にかかわるステイクホルダー（stakeholder）との関係性も強める。ステイクホルダーにとってみれば，企業と相互依存的に，さまざまな影響を与え合う関係となる。その点から，ステイクホルダーは企業の環境要因であるとともに，企業が存続・発展するために必要な環境適応のカギを握る存在と言える。そのため，企業には，ステイクホルダーとの関係を処理すること，すなわち**ステイクホルダー・マネジメント**が求められるのである。

ステイクホルダーとして想定されるのは，株主，従業員，取引先，顧客（消費者），政府，地域社会，競合相手，金融機関などであるが，これらは，各々が主体として企業に影響を及ぼすと同時に，企業からも影響を受ける。また，ステイクホルダーはそれぞれ独自の

図表 4-1　ステイクホルダー

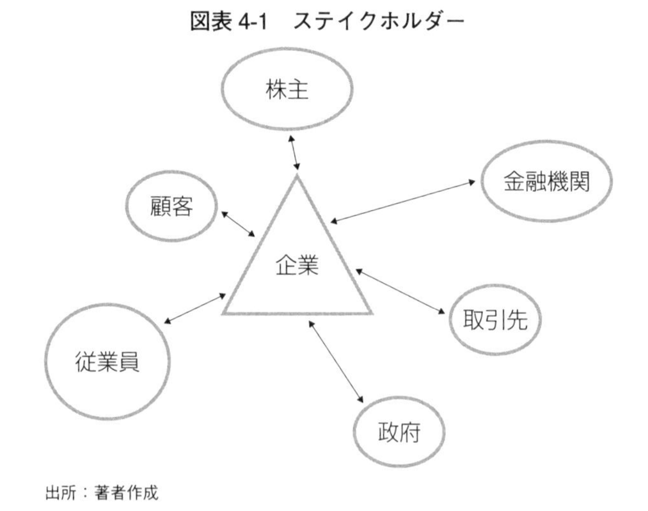

出所：著者作成

目的をもった行動主体であり，ステイクホルダー間および企業との間に相互に利害対立する場合が多い。たとえば，株主は企業の利益増大を望むが，従業員は企業利益とは相反する賃金の上昇を望む。また，顧客はより価値ある製品・サービスの提供を求めるが，原材料の取引先はより納入価格の引き上げを求める。それゆえ，企業が特定のステイクホルダーを重視すればするほど，他のステイクホルダーから反発を買う可能性が高まる。ステイクホルダー間で利害の対立が起こらないようにするため，企業主体で，ステイクホルダーとの相互作用をスムーズに展開できるよう，各ステイクホルダーに意図的に対応できるステイクホルダー・マネジメントを行うことが企業に要請されるのである。

企業によっては，顧客より従業員重視，従業員より顧客重視ないし株主重視など，ステイクホルダーに対する認識の仕方はさまざまである。たとえば，従業員重視で有名なサウス・ウェスト航空や伊那食品，顧客重視で成長するアマゾンなどが挙げられる。企業次第で欠くことのできないステイクホルダーを特別扱いすることがあるにしても，ステイクホルダーを思い通りにマネジメントするには，あくまで企業側の立場から対処することが必要である。

フリーマン（Freeman, 1984）は，ステイクホルダーに対する企業の温度差があることを認識した上で，戦略経営において多様なステイクホルダーの視点を取り入れることの重要性を指摘し，そのためのステイクホルダー・マネジメントの方向性を示唆した最初の1人である。

ステイクホルダー・マネジメントは，多様な要求をするステイクホルダーに対処するため，それぞれの要求に対して何を，いつ，どこで，どのように，の観点から，計画：Plan →実行：Do →評価：Check →改善：Action（PDCA サイクル）を回すのである。

こうした状況のなかで，企業内で支配力を増してきた経営者にPDCA サイクルを機能させることが求められるのは当然である。しかし近年，経営者の専断的な行為（海外進出，M&Aなど）によって不当な損害を被ったとして，ステイクホルダーである株主から経営者の意思決定を監視する声が高まってきた。いわゆる**物言う株主**の登場である。

株主は，周知のように，株式の分散によって企業経営に対する発言力を失ってきたという経緯がある。ところがアメリカの場合，1960年代の後半からストックオプション制度が導入されて，経営者自身の利害が株価と密接にかかわるようになった。そこで株主は，株価形成について影響力を行使できれば発言力が高まることに目覚め，経営者に迫る行動をとり始めたのである。この**株主反革命**とよばれる現象は，次のようなプロセスで起こったと理解される。すなわち，低迷する企業経営に不満をもつ株主が株式を大量に売却すれば，株価の低下が当然起こるが，これをチャンスとみる投資家によって当該企業の買収が試みられる可能性も高まる。そして，もし企業買収が成立すれば，投資家（買収者）は，株主利益（高い株価）を志向する経営陣を選任することによって利益（利ざや）の獲得を求めることができるようになる。こうして，株主の意向に沿った経営者はますます短期的な業績向上（株価の上昇）に関心を抱かざるを得なくなるのである。

ただし，株主である機関投資家，事業会社，個人それぞれの置かれている状態が異なるため，すべての株主がこのような行動をとるとは限らない。たとえば，わが国で長きにわたってみられた**株式持ち合い**による安定株主現象は，株価下落の歯止めとなり企業買収を困難にしていた。そのため，経営者は株主の意向を勘案せずに済んでいたのである。

ところが近年，わが国でも新たな動きがみられる。すなわち，株式分布状況の変化である。個人所有から法人所有，機関所有への変化，とりわけ外国法人所有が急増しているのである。その結果，物言わぬ株主より物言う株主が多い時代になり，経営者の横暴に

図表 4-2　株式分布状況の推移

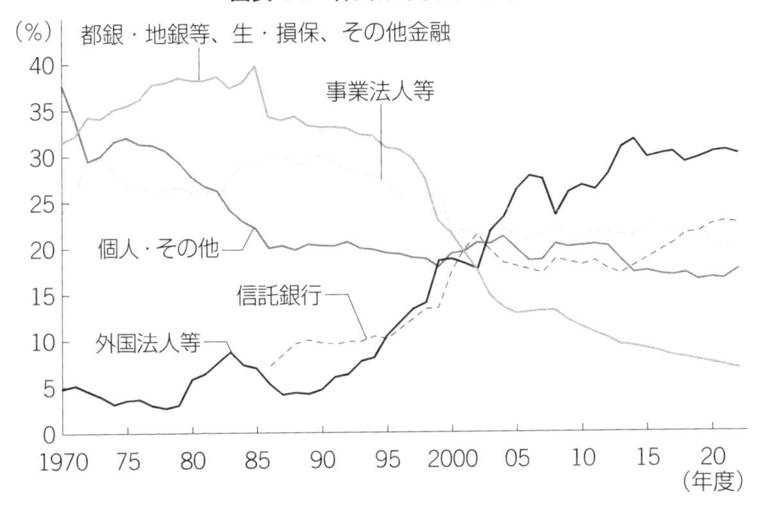

出所：日本取引所グループ調査による 2022 年度株式分布状況

チェックが入りやすくなった。その結果，コーポレートガバナンス体制はこれを一因として強化が進んだと言える。

企業の不祥事によって傷つくのは株主だけでない。顧客，従業員，取引先などその他のステイクホルダーも同様である。20 世紀後半から，わが国でも会計不正，食肉偽装，耐震偽装をはじめ，リーマン・ショックなど，企業や業界が引き起こすスキャンダルに対して，その影響をまともに受けるステイクホルダーも黙ってはいられなくなった。しかも状況は，デジタル革命を背景とするグローバル化とネットワーク化の進展によって，ますます企業に対する声を上げやすくなった。こうした事態を背景にした反企業行動が高まるなかで，企業が上から目線の従来通りのステイクホルダー・マネジメントをするのでは，ステイクホルダーの要求に対処不能と言わざるを得ない。そこで注目されるのが，ヨーロッパで先行して登場した**ステイクホルダー・エンゲージメント**という考え方である。

エンゲージメント（engagement）とは，当事者が関係者に対して約束すること，関係性を強めることである。企業の場合，これは積極的にステイクホルダーとの関係性を良くする実践的行為と言える。具体的には，株主との対話，顧客との関係性強化，従業員との信頼ある絆づくりなどである。この場合，ステイクホルダーに対する心構えとしては，対等の立場で，ウィンウィン（Win-Win）の関係を構築することが望ましい。

顧客との関係は，ステイクホルダーとしての消費者団体との関係性構築に典型的にみられる。従来，消費者側と企業側との間で情報の偏在が顕著で，企業の提供する製品・サービスに対して顧客は，的確な反応ができず，どうしても対等の立場をとることができなかった。企業側からの一方的な情報提供という不平等な関係，換言すれば，企業側のパワー行使で不利な状況を生み出してきたと言える。しかし今日，ネットワーク技術の進展により，情報の偏在は少なくなる傾向にあり，消費者との対等な会話を続ける可能性が広がった。これは企業側にすれば，新しい状況に直面しその解決が求められることを意味し，消費者との信頼関係を得るためにも対等な関係性を強化することが望まれるのである。

従業員との関係においても，パワーハラスメントやコンプライアンス問題と絡み，対等な会話を続けることで信頼を得ることが必要であろう。内部通報制度（内部統制システムの一翼をなす）などは，企業にとって初めて経験するところが多く，その扱いはますます慎重にならざるを得ない。

2. ステイクホルダーとしての株主

ステイクホルダー・エンゲージメントは，各ステイクホルダーによって対応の仕方が異なるため，時間的・能力的制約のある企業にとって，どのステイクホルダーを重視あるいは優先すべきかが問われるところである。この点は，従業員志向，顧客志向といった企業の主体的な行動理念によって異なる。とは言え，物言う株主からの要求がある場合は，企業の資本構造にかかわることであるため，最優先で対応せざるを得ない。このことが，コーポレートガバナンス問題を顕在化させるのである。

物言う株主の登場が，わが国の企業経営に多大な影響を及ぼしたことは疑い得ない。彼らは，英語圏ではアクティビスト（activist）とよばれている。それは，株主としての権利を積極的に行使し，その行動を通じて企業経営に影響力を及ぼし，株主価値を高める事業展開をするよう，会社側に積極的に要求するからである。具体的には，発言力をもてるほどの株式を取得したうえで，それを根拠に，投資先企業の経営陣に対し提言など（経営陣との対話・交渉の他，株主提案権の行使，会社提案議案の否決に向けた委任状勧誘など）を行い，株主価値を向上させるために行動する。投資家として株主価値向上を求めることは当然であり，その際，力量がありながらも業績・株価が低迷する企業に狙いを定め，コスト削減や事業の選択と集中などを要求し，時には，社外取締役としての参画や経営者の交代を要求するのである。

日本において物言う株主の存在感を知らしめたのは，村上ファンドによる「東京スタイル事件」が有名である。東証1部上場企業のアパレルメーカーであった東京スタイルは，2002年当時，約1300億円の現預金を保有し，その潤沢な資金を用いてビル建設を計画していた。それに対して，筆頭株主になった村上ファンドは，株主価値を毀損（きそん）するとして，その建設計画について反対の意向を表明し，①ビル建設の中止，②約1,300億円の現預金などを原資とした**自社株買い**を提案した。自社株買いが実行されると，市場での流通株数が減少するため株価上昇の可能性が高くなる。そうなれば，村上ファンドにとっては高い投資リターンが期待できるため，東京スタイルに対する投資家としての提案は理にかなったものである。

これに対し，東京スタイルの経営陣は対決姿勢をとり，日本では珍しく，株主と経営者が争うことになった。その結果，株式市場でプロキシー・ファイト（Proxy Fight：委任状争奪戦）にまで発展したものの，村上ファンドの要求は株主総会で承認されなかった。とは言え，自社株買いの提案直後，株価が一時的に15%以上上昇し，東京スタイル事件は物言う株主の存在を強く印象づけることになったのである。

影響力のある機関投資家が自己利益追求のために勝手な行動をすると，株式市場に及ぼす影響・混乱は避けられない。わが国では年金積立金管理運用独立行政法人（Government Pension Investment Fund：GPIF）が世界トップクラスの政府系年金ファンドとして存在感を増すとともに，影響力のある株主としての性格を示しつつある。市場の信頼・透明性があって初めて投資家も安心して投資できるわけで，それを遮るような事態を避ける必要がある。村上ファンドというわが国最初の物言う株主のケースをはじめ，機関投資家など影響力のある株主のアピールがいろいろと物議を醸したが，そうした経験を踏まえ，投資家に自省を促すという観点から，2014年（2017年改訂）に金融庁によって「**スチュワードシップ・コード**」が制定された。

これは本来，金融機関が投資先企業のリスクをともなう経営行動をきちんとチェックすべきところで，金融当局がそれを監視・指導することになっていたものの，その取り組みが不十分であったためリーマン・ショックに象徴される金融危機を招いたとの当局の反省から生まれたものである。しかも，2010年に金融機関を中心とした機関投資家のあるべき姿を求める自主規制として英国で制定された指針をベースとしている。内容は，法的な拘束力がない自主規制だが，コンプライ・オア・エクスプレイン（Comply or Explain）として，各原則を順守するか，もし順守しないならその理由を説明する，というきわめて英国の伝統的スチュワードの精神を踏襲したものになっている。

「スチュワードシップ・コード」は，投資先企業の企業価値を向上して投資利益の回収を目指す機関投資家が従うべき基準である。その内容は次のような7つの原則で構成されている。すなわち，①受託者責任の果たし方の方針公表，②利益相反の管理に関する方針公表，③投資先企業の経営モニタリング，④受託者活動強化のタイミングと方法のガイドラインの設定，⑤他の投資家との協働，⑥議決権行使の方針と行使結果の公表，⑦受託者行動と議決権行使活動の定期的報告である。

株主のなかに，物言わぬ株主から株主価値向上を強く意識する物言う株主に変貌したものがいるが，その多くは，投資先との対決姿勢が明瞭で特異な存在である。「スチュワードシップ・コード」の制定は，そうした物言う株主の行動をコントロールしようとするものではなく，あくまでも，長期的な投資スタンスをとる年金基金をはじめとした機関投資家の賛同を得て，経営者と投資家とで共有する企業価値向上を実現する対話の機運を開いたにすぎない。そして現状は，投資家からの要求に答えようとする企業も多くなりつつあると言える。株主の力が増したことによって，コーポレートガバナンス強化が進むとともに，企業のIR（Investor Relations）やSR（Shareholder Relations）活動がますます重要になっている今日である。

3. コーポレートガバナンスが求められる理由

コーポレートガバナンスの実態やあるべき姿は企業の取り巻く環境（政治，経済，社会，文化）に依存する。所有と経営の分離で経営にタッチしなくなった株主は，出資金が適切に運用されるよう取締役会に委託するが，そのままだと，その運用が適切かどうかわからない。元来，資金運用の意思決定機能をもつ取締役会は，経営者

（代表取締役・執行役）を選任してその業務執行を委託し，監査役（監査委員会）と会計監査人が委託された業務活動の監査機能を受けもつというガバナンス体制で問題が生じないはずだったが，そう意図通りにはならなかった。不祥事をはじめ株主価値を毀損するさまざまな不都合が生じたのである。

わが国では，経済の活性化を図ることを主眼に制定された2006年施行の新会社法で，小規模な株式会社の機関設定は自由度を増し，極端なケースでは株主総会以外に取締役を１名選任すればよいことになった。とは言え，社会的に影響力のあるような制度化された公開会社（すべての株式が譲渡制限される以外の会社）の場合は，取締役が最低３名で構成される取締役会の設定が必要である。

通常，コーポレートガバナンスの議論対象となる株式会社は公開会社である。株式会社は規模拡大とともに，所有と経営の分離が進むことで，会社の実権を握った**プロ経営者**が株主の意向に反して，勝手な行動をとる恐れが生じる。たとえば，お手盛りの法外な経営者報酬の決定や自己資本の毀損の恐れがあるＭ＆Ａの実行など，株主の利益を損なう決定がなされる可能性である。そこで，経営者の暴走を阻むための何らかの仕組みが求められ，そのあり方がコーポレートガバナンス問題として顕在化したのである。

近年わが国でも，すでにみた株式所有構造の変化や歯止めのかからない企業不祥事などから，コーポレートガバナンス問題への関心が高まり，歴史的な経緯を背景に制度的な見直しが相次いだ。その結果，従来の監査役設置会社の他に，指名委員会等設置会社や監査等委員会設置会社が制度化され，多くの株式会社が制度変更への対応を迫られている。2017年12月時点のコーポレートガバナンス形態による機関構成は以下のとおりである。

・**監査役設置会社**：取締役会，代表取締役，監査役会，会計監査人
・**指名委員会等設置会社**：取締役会，代表取締役，執行役，委員

会（指名，監査，報酬），会計監査人

・**監査等委員会設置会社**：取締役会，代表取締役，監査等委員会，会計監査人

わが国における伝統的な監査役設置会社の場合，その機関は，取締役会，代表取締役，監査役会，会計監査人となっている。指名委員会等設置会社の場合，会計監査人は同じだが，代表取締役の他に執行役が機関として設定され，取締役会は，その実質的機能を高めるために，下位機関として①指名委員会（取締役候補の決定），②監査委員会（役員の業務執行の監査，会計監査人の選任・解任案の決定），③報酬委員会（役員報酬の決定）を設定し，各委員会メンバーの選定・監督と執行役の選任・業務執行の監督に業務を絞り込んでいる。また2015年施行の会社法によって新たにつけ加えられた監査等委員会設置会社は，監査役設置会社の変形として，取締役を構成メンバーとする監査等委員会を設置し，取締役の業務執行の監査と経営評価（取締役の選任・解任等に関する意見陳述）を行う権限が付与されるなどして，監査役設置会社の監査役の独立性と権限を増し，取締役会の監視強化を狙いとしている。また代表取締役は，取締役会の半数が社外取締役で構成される場合，業務執行の権限も有することになり，外部のチェック機能が期待される。

元来，株式会社は株主総会の決議で委託された取締役が，会社のトップとして業務遂行をスムーズに行うため経営リーダー（代表取締役）を決め，その業務遂行の監視として監査役が，そして業務報告の適正さを監視するため会計監査人が，それぞれの役割を担う仕組みとして構築されてきた。この構成で問題がなければ，コーポレートガバナンスが問われることはなかったはずだが，実態は，権限をもつ経営リーダーの横暴が目につくようになったため，その監視強化を主眼としてガバナンス体制が問われることになったのである。

経営リーダーの監視強化という点では先進各国同じ動向だとしても，その方策はいろいろ考えられる。そのため，各国でガバナンス体制が異なっているのは当然であり，わが国では複数のガバナンス体制が法的に認められることになった。なぜなら，わが国の大企業では，従来生え抜き社員からの役員抜擢が当然視されてきたために，生え抜きの仲間同士での相互チェックでは甘くなる傾向が強く，結果的に株主価値を毀損するような不祥事が起こったのではないか，という仮説が強く支持されたからである。そして，第三者のチェックがあればそうした問題発生が抑止できる，という欧米で実践されている社外取締役の導入が広く叫ばれた。しかし，ガバナンス改革の当初，経団連を中心に伝統的な日本の株式会社の大半から，社内事情がわからない社外の者に会社を監視できるはずがない，と強い拒否反応があったのも事実である。

こうした背景の下，マクロ的にみて日本の株式市場の低迷状況が続くなかで，世界の潮流に背を向けることは好ましいことでなく，会社経営の**健全性・透明性**を確保するためにも社外取締役導入による外部の目を通した監視体制の導入やむなし，という認識が浸透してきた。特に社外の第三者の目という点は，金融庁の経済活性化政策とも連動して，一気に加速した感がある。

監査役設置会社の場合，監査役会は３人以上で構成され，その半数以上が社外監査役でなくてはならない。指名委員会等設置会社や監査等委員会設置会社の場合も，各委員会の構成メンバーは３人以上で，その過半数は社外取締役であることが要件となっている。これらは，社外の人間の目を通して会社経営の健全性・透明性を担保し，株式会社が社会から信頼される存在であることを目指していることの現れであるとも言える。

ガバナンス問題登場は，会社経営の監督と決定・実行の分離が有効だとの認識の表れである。なぜなら，実行者と監督者が同じでは，実質的に監督の機能を果たすことができないからである。指名委員会等設置会社の場合，取締役会は業務執行を監督チェックする機関であり，代表執行役・執行役は業務執行の決定・実行を行う機関として明確にその分離が設計されている。また，監査役設置会社や監査等委員会設置会社の場合，取締役会が業務運営の決定・監督を担い，代表取締役はその実行を担うという設計のため，決定と実行の分離の面で，委員会等設置会社と比べると明瞭性に欠けている。

こうしたコーポレートガバナンス体制をさらに強化するため，ソフトロー（法的な拘束力があるのをハードローと称するのに対して，法的拘束力のない社会的規範などの総称）として2015年に制定されたのが「**コーポレートガバナンス・コード**」である。この基本原則は，「株主の権利・平等性の確保」，「株主以外のステイクホルダーとの適切な協働」，「適切な情報開示と透明性の確保」，「取締役会の責務」，「株主との対話」の5つである。取締役会においては社外取締役を2名以上置き，社外の声を反映することが求められる。「コーポレートガバナンス・コード」は，1990年代後半から先進主要国で導入され始め，今や多くの国が導入している。

「コーポレートガバナンス・コード」の制定によって，企業の経営者は投資家の期待に沿うよう行動せざるを得なくなった。しかし，このコードはあくまでもソフトローなので，法的な強制力がない。したがって，企業によって投資家に対する対応の仕方とその温度差が生じるのは致し方ない。ただし，企業経営者が，投資家から高い信頼を得て，持続的な成長を図ることを信念に行動するなら，結果的に経営者と投資家の間に企業価値向上を意図したウィンウィンの関係が構築できるであろう。

本章のキーワード

ステイクホルダー・マネジメント，株主反革命，
ステイクホルダー・エンゲージメント，物言う株主，
株式持ち合い，自社株買い，スチュワードシップ・コード，
コーポレートガバナンス・コード

☑4章の気になるポイント

経営者主権から株主主権へ

- 1997年の銀行危機以降，海外投資家の保有比率が飛躍的に増大。メインバンク制を軸とした日本的な株式持ち合い制の解消に即した株主主権論の隆盛。

- **株式保有比率の変容による経営システムの変化**
  ⇒物言わぬ株主から**物言う株主**へ
  →コーポレートガバナンス（経営者のチェック）の強化

  ⇒業績至上主義
  →日本的雇用環境（終身雇用，年功制，企業内組合）の維持困難
  →非正規雇用労働者の増大

  ⇒規制緩和による市場の変化
  →競争激化

（投資家の）スチュワードシップ・コード

★「物言う株主」にも責務がある

✓「物言う株主」が適切に（資金提供者に対する）**受託者責任**を果たすための原則
✓特に，機関投資家の役割を明確にするもの
✓ROEなど，企業価値を最大化するよう経営陣に要求すればそれに対する責務が求められる

（会社の）コーポレートガバナンス・コード

▶株主をはじめステイクホルダーの立場を踏まえた上で，透明・公正かつ迅速・果断な経営意思決定を行うための仕組みである**コーポレートガバナンス**（CG）
▶会社が**持続的な成長と中長期的な企業価値の向上**のために求められるコーポレートガバナンス・コード→株主の権利・平等性の確保，
→株主以外のステークホルダーとの適切な協働，
→適切な情報開示と透明性の確保，
→取締役会等の責務，
→株主との対話
▶コンプライ・オア・エクスプレイン（comply or explain）の精神

第5章
プロ経営者の登場と役割

本章の謎解明

- 所有と経営の分離が起こるのはなぜ？
- 経営者と管理者の役割が違うのはなぜ？
- プロ経営者は育成できるのか？
- 有効性と能率を両立するのが難しいのはなぜ？
- 執行役が必要なのはなぜ？

1. 所有と経営の分離

株式会社の生成・発展は，市場経済のダイナミズムを洗練させてきたばかりでなく，会社を所有する者と経営する者を分離する傾向をもたらした。しかもこの所有と経営の分離現象は，会社の支配（経営者の選任・解任権）状況の変容と強く関連する。

所有と経営の分離は，その生成プロセスをみると，形式的な分離と実質的な分離に分けることができる。形式的な分離とは，会社の所有と支配と経営の各機能がすべて所有者に帰属している状況から経営のみが分離する現象を言う。つまり，会社に対する出資者が所有機能と経営者の選任・解任をできる支配機能も果たすが，経営機能についてはその専門家に任せてしまう状況である。これに対して実質的分離とは，出資者はもはや所有機能しか果たさずそこから支配機能も分離して，経営者が経営機能と支配機能を実質的に果たす状況である（図表 5-1）。

所有と経営の分離という現象は，具体的に言えば，以下のとおりである。株式会社が発展しその規模が拡大すると，会社を維持・発

図表 5-1　所有と経営の分離

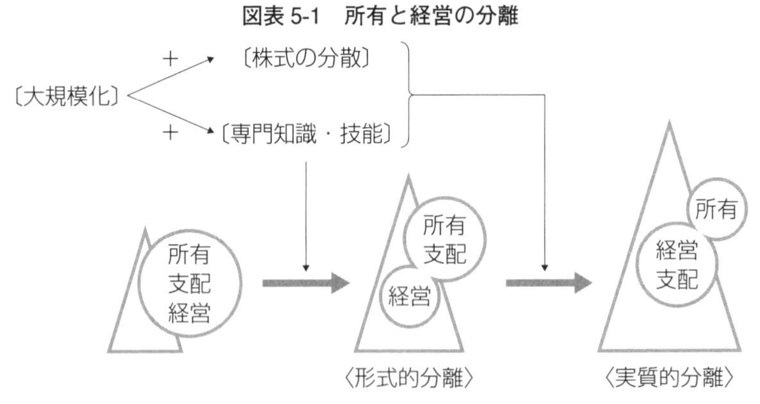

出所：著者作成

展させるためにさらに多くの資本が必要となり，広く社会から資本を調達しなければならなくなる。そして資本が多く調達できれば，株式が少数の株主から多数の株主へと広範囲に分散され，大株主の持株比率は低下する。また，株式会社が大規模・複雑化した場合，その組織を運営するために企業経営に関する専門知識や技能が必要になる。所有と経営の分離は，こうした株式会社の大規模化にともなって生ずる**株式の分散**と，企業経営に関する専門知識や技能の必要性に相互関連して生成してくると言えるのである。

この現象をさらに詳細にみれば，会社組織が小規模のうちは，出資者はオーナー経営者（owner manager）として会社を支配し経営することができるが，大規模化し株式の分散が起こってくると，もはや所有者＝支配者＝経営者であることは次第に不可能になる。なぜなら大株主のままなら支配の可能性はあるものの，大株主としての持株比率が低下してしまうからである。株式の分散という状況下にある多数の株主は，もはや会社の支配・経営を意図しようとするより，証券市場における株価や利益配当にだけ関心を示すようになり，無機能資本家と化すのである。

本来であれば，所有という概念に結びつく支配機能が，こうした一連の推移によって，所有から次第に分離されてしまうことから，株式の分散が所有と支配の分離，つまり所有と経営の分離を促進する大きな要因となっていることがわかる。

また会社組織が大規模化してくると，管理の仕方をはじめ組織上いろいろな問題が生じ，単なる資本所有者というだけでは会社の経営は不可能となる。そのため，大規模化した組織を経営するには，それ相応の専門的な知識・技能・経験を有する専門家，いわゆる**プロ経営者**（専門経営者：professional manager）が必要となる。これは，資本の所有者が経営を任せるために雇うという意味で，雇われ経営者（employed manager）とよばれることもある。

以上をまとめると，企業規模が拡大し，株式の分散によって経営の専門家が必要となると，所有・支配の関係は不動のまま経営のみが分離する。しかしこの段階での分離は，資本所有者が機能資本家として企業の支配を維持しており，所有と経営の分離と言ってもまだ形式的な分離にすぎない。実質的な分離は，企業がより大規模化し，専門的な経営知識・技能が必要とされることによって起こるのである。これは，別の観点から言えば，機能資本家が無機能資本家へ転換するということであり，所有者がもはや実質的に支配機能を果たすことなく，それに代わってプロ経営者が支配機能を果たすという状況である。

2. プロ経営者の登場と支配

所有と経営の分離という現象は，プロ経営者支配の確立を意味する。それを広く知らしめたのがバーリ＆ミーンズ（Berle & Means, 1932）による研究である。彼らは，1929年当時のアメリカの巨大株式会社200社（金融業は除く）の株式による支配状況を調査し，所有と経営の分離によるプロ経営者支配の進展状況を明示したのである。その内容は，支配について取締役の選任ないし解任できる権力とみなしたうえで，次のような区分けで例証された。すなわち，①完全所有支配（80％以上の株式を所有），②過半数支配（50～80％の株式を所有），③法的手段による支配（議決権株，持株会社などによる），④少数支配（20～50％の株式所有でも委任状の収集などによる），⑤経営者支配（20％未満の株式所有でも支配力が経営者の掌中にある）である。

この区分けに従って対象企業200社を整理してみると，全体のうち完全所有支配は6％，過半数支配は5％，少数支配は23％であるのに対し，経営者支配は44％もあることが明らかになった。しかも，法的手段など株式所有に基づかない支配と経営者支配を合わせると65％に達するため，プロ経営者支配の存在は否定できない。

その約30年後ラーナー（Larner, 1966）は，バーリ＆ミーンズの研究（経営者支配においては10％未満の株式所有に限定）の区分に依拠した調査を行い，完全所有支配はもはや存在せず，過半数支配2.5％，少数支配9％，法的手段による支配4％，そして経営者支配は84.5％にも達していることを明らかにした。こうして，年代の推移とともに，アメリカの巨大企業においてプロ経営者支配はもはや動かしがたい事実であることが判明したのである。そこでラーナーは「1929年のバーリ等の調査時点では**経営者革命**（managerial revolution）の進行中であったが，1963年現在，経営者革命はほとんど完了した」と述べている。またわが国でも，三戸他（1973）の調査などによって，このような所有と経営の分離に基づくプロ経営者支配の傾向がみられることが明らかにされている。

株式会社が大規模化すると，より多くの資本が必要となり，それが実現すると結果的に株式の分散が起こる。そうなると，従来の大株主もその持株比率を低下せざるを得なくなり，株式所有に基づく支配は不可能になる。このことから，株式の分散はプロ経営者支配の形式的基盤だと考えられる。そして，株式会社がさらに大規模化すると，その経営はより複雑になり，容易でなくなる。企業経営を行うのに必要な専門知識や技能を有する者のみが，実際の経営を担うことが可能なのである。しかも，この専門知識・技能は，会社の規模拡大とともにより洗練されたものが求められる。たとえば，従業員の要求の多様化，飛躍的な技術革新，変化する地域社会への対応，グローバル化などである。これらの問題には洗練された専門知識・技能を有するプロ経営者しか対応できないため，プロ経営者のみが実際の経営を担当し，企業を実質的に支配する。すなわち，経営の専門知識・技能が求められるほど，プロ経営者に頼らざるを得なくなるため，それがプロ経営者支配の実質的基盤をなすと言えるのである。

3. 経営者のマネジメント職能

企業は効率的かつ有効に運営されることが望ましいが，程度の差こそあれ，意図せざる結果が避けられない。そのため，少しでも企業行動の効率性を高める方法が模索されてきた。そうしたなかで，フランスの鉱山技師・経営者であったファヨール（Henri Fayol：1841-1925）は，30年に及ぶコマンボール社の経営者としての経験からトップ・マネジャー（経営者）の職能とマネジメント（管理）職能が異なることを『産業ならびに一般の管理』（1917）で主張した。

経営者もマネジメント職能を果たすことが期待されるため，経営することとマネジメントすることは同じとみなされる傾向があるが，実は違うのである。ファヨールは，自己の考えを実践するため，誰からも見放され倒産しかかった鉱山会社の再建依頼を引き受け，経営者として企業全般にかかわる職能とマネジメント（管理）職能を明確に識別した上で，しかもマネジャーがマネジメント職能をきちんと果たせれば，効率的な組織運営ができて再建できることを実証してみせた。そしてその秘訣を，14のマネジメント原則としてまとめ，それを**マネジメント・プロセス論**として世界中に広めた。わが国では彼のマネジメント・プロセスの考え方は，「計画（plan）→実行（do）→評価（check）→改善（action）」というPDCAサイクルとして実践的に広く使われている。

ファヨールによれば，企業活動は，技術（生産，製造，加工），商業（購買，販売，交換），財務（資金の調達と運用），保全（財産と従業員の保護），会計（棚卸，貸借対照表，原価計算，統計），マネジメント（計画，組織，指揮，調整，コントロール）といった職能すべてを全うすることである。そして，この6職能のうちマネジメント職能は，マネジャーにとって欠くことのできないものであり，組織運営において重要な位置づけをなしている。このマネジメント職能は上述のように5つの要素からなり，たとえば，「事業をマネジメントする」とは，事業を計画し，それを実行するための組織を編成し，リーダーシップを発揮し，問題があれば調整し，結果についてコントロールすることなのである。

ファヨールは，マネジメント職能も他の職能と同様に，トップ，ミドル，ロワーの各マネジャーで分担されるべき職能であるとみなしている。そして，マネジメント概念の普遍性を強調する一方，ミドル以下のマネジャーにとって重要なのは，事業の特質を示す専門的能力（技術，商業，財務，保全，会計）であり，経営トップにとって重要なのはマネジメント能力であるとも語っている。さらに，企業の存続・発展を実現するには，マネジメント教育によってマネジメント概念を普及させることが重要であると主張したのである。

以上をまとめれば，ファヨールは経営者による企業活動を技術，商業，財務，保全，会計，マネジメントという6つの職能からなると考えたが，なかでも特にマネジメントの概念を重視したと言える。

4. 経営トップと経営ミドルの関係

誰が会社の経営者[1]（executive, top manager）か，という問いに対して，法的には代表取締役だと規定できるが，実質的に特定するのは容易でない。なぜなら，企業規模にかかわらず，第三者が（主観的に）彼を経営者だと言うのは自由だが，経営責任を誰にとってもらうかという事態になると，そうは簡単でないからである。エグゼクティブとかトップ・マネジャーと言われる社長や会長でも，各組織における実質的な位置づけは異なるため，事実上ベースで経営トップだと断定するのは難しいのである。

1：欧米で使われるCEO（Chief Executive Officer：最高経営責任者）という肩書きがわが国でも使われつつある。

小規模企業の場合，従業員にとって経営者と呼ばれる人は直接指示・命令を下す顔のみえる存在だが，大企業の場合，従業員にとって直接接することはほとんどなく，誰が実質的なトップか実感できない。ましてや，社外の人にとってはなおさらである。

一般的に，企業の経営トップ層は，経営に必要な資金と事業の側面を十分にわきまえたうえで，収益を上げるために目標を設定し，経営資源（人，モノ，カネ，情報）を有効活用することができる存在である。同様なことは，病院の経営者，学校の経営者についても言えるが，単に事業レベルの運営を任された責任者の場合は若干異なる。彼らは，設定された目標を達成するために，所与の経営資源を効率的に活用することが求められる。この点で彼らは，いわゆる，マネジメントを行う経営ミドル層である。すなわち，与えられた仕事（業務，目標）について部下を使って効率的に達成することが求められる存在にすぎない。

経営トップ層と経営ミドル層の違いは，前者が資金面や事業面で全面的にコントロール可能な権力をもって行動するのに対して，後者は所与の規定された枠組みのなかで限定的な権力しかもてずに仕事を効率的にこなさざるを得ない点にある。つまり，経営トップは自由度が高いが，経営ミドル（事業責任者）はかなり制約的で，自由度が低いと言える。

ところで，事業レベルの責任者に経営者職能が求められるのだろうか。厳密に言えば，彼らは経営トップではないが，事業規模が大きくなればなるほど経営トップの発想・役割が求められる。この点で，経営者としての職能を果たしていると言ってもよいかもしれない。

一般的に，経営ミドル層は，経営トップに近い上級管理職と中間管理職に大きく分けられる。それゆえ，経営トップ層であっても，執行役員のように，担当部門のマネジャーとしての役割・責任を負わされる部分もあるという点で，日本では**経営管理者**という用語が広く使われている。こうしたわが国独自の用語についての議論は面白いが，普遍的知見を得るという点ではあまり生産的とは言えない。そのため，効率性重視で役割分担が明確な欧米先進国では，こうしたあいまいな用語は普及しない。

5. リーダーとマネジャーの違い

機能主義的な立場からすると，企業経営は合理性を追求するため，生産，販売，会計など機能分化を前提に行われるとみなされる。そのため，経営トップはリーダー，経営ミドルはマネジャーである，という機能分化的な議論がなされるが，果たして実態はどうなのだろうか。結論から先に言えば，経営トップはリーダーかつマネジャーとしての役割を担う存在である。

会社創業時の経営トップは，自分で決定し業務を行うのが当たり前である。しかし，事業が軌道に乗り仕事が増えると，当人は，会社の将来構想のために時間をとられ，通常業務がこなせないほどますます多忙になる。そこで経営トップは，将来構想に関連する決定事項に専念し，業務は信頼できる人を雇い任せる。いわゆる，決定と執行の分離であり，このプロセスは，会社規模が拡大するにつれ，重層的に展開される。こうした観点から，経営トップはリーダーであるとともに，権限委譲した部下をマネジメントするマネジャーであるのである。

リーダーは組織を先導する者であり，企業のあるべき姿，方向性を決め，将来の道筋を明示する役割を担う存在である。一方マネジャーは決まった道筋・目標を，より具体化して部下とともに，効率的に達成する役割を担う存在である。したがって，経営トップと言えども，リーダーとして方向性を決めて終わりではなく，可能な限り権限委譲した部下の支援をするマネジャー的役割もある。これが，経営トップがトップ・マネジャーと言われる所以である。同じように，会社規模が大きくなると部下をもつ上級マネジャーも受身的なマネジャーとしての役割ばかりでなく，制約されたなかでのリーダー役としての役割も期待される。

ドラッカー（Drucker, 1973）によれば，マネジャーの仕事は，「具体的な目標設定」，「目標達成のための組織編成」，「モティベーション向上」，「行動結果の評価」，「人材育成」という5項目が必須である。つまり，所与の目標を具体的なものに落とし込んで，その実現を部下と協働して図ることがマネジャーに求められる仕事であり，その関心事は部下の扱い方に集約される。

これに対して，経営トップには，マネジャーに要求されることは当然としたうえで，さらに経営者としての役割を遂行できるリーダー能力が要求される。事業内容によって特殊な能力が必要な場合もないわけでないが，一般的に，有能な経営トップとして評価されるには，次のような能力をもつことが必要である。すなわち，①**全般的経営能力**（環境変化を読み解く幅広い知識と将来ビジョンを描ける），②**対人関係能力**（信頼され責任がとれる）③**企業家的能力**（リスクをとって革新を起こせる）である。

以上の点を踏まえ，リーダーとマネジャーの違いは次のとおりである。リーダーは，将来のビジョンや方向性を定め，それを協働して実現するフォロワーのやる気を引き出すようなリーダーシップを発揮することが求められる。それに対して，マネジャーは，所与の課題を効率的にこなすためにPDCAを回すことが求められる。したがって，リーダーは今後を見据えた未来志向の仕事人であるのに対して，マネジャーは当面の無駄を削減することが期待される現状志向の仕事人と言えよう。

6. 経営者の役割

経営者なくして企業は成り立たない。経営者は，組織の価値を増大させることが求められ，事業を有効に展開する決定権限を有する。バーナード（Barnard, 1938）によれば，経営者は組織の存続のために，誘因・貢献理論をベースとするインセンティブ（誘因）の提供，**外的均衡**と**内的均衡**を図る組織均衡の考え方をベースとする**有効性**（effectiveness）と**能率**（efficiency）の確保が必要である。しかも道徳準則に沿うことがそうした経営者行動の信頼を得るためにきわめて重要とされる。

また，ペンローズ（Penrose, 1959）は，資源の結合体であるという企業観から，経営者の役割を，資源活用によって成長を図る新規事業の案件および既存事業の業務展開をする他，新規事業と既存事業との調整をも図ることだと述べている。そして，経営者の行動をより効率化するために，経営活動を分化（専門化）することも主張している。すなわち，事業規模が多様化すればするほど，経営者は1人で何でもこなすことは不可能になるため，事業内容に応じた専門分野別のチーム経営が必要なのである。

以上のような多面的な側面をもつ経営者だが，一般的に期待される役割は，①企業成長のための価値創造，②企業活動の変化に応じた組織体制の構築と変革，③将来人材の育成の3点に集約できる。

こうした見方とは異なり，経営者の役割を意思決定の観点から，①事業の決定，②組織の価値観・理念の決定，③資源配分の決定という分類もできる。事業の決定は，事業内容ばかりでなくその事業をどのように展開するか（直販，地域限定，ネットビジネスなど）も含む。組織の価値観・理念は，**組織文化**と**組織アイデンティティ**の形成にかかわるもので，組織の一体感，組織能力アップにつながる重要な事項である。資源配分は，経営資源の有効活用を図る事項で，組織の存続に直接かかわるものである。

いずれにせよ経営者は，行動→成果の図式が良い場合のみ，社会（マーケット）から信頼を得ることができる。そのため，企業規模やその存立条件に関係なく「当たり前のことを誠実に実行すること」が基本的に要求される。ただし，何が当たり前で正しいか，の判断は当人がするものでなく，マーケットがするため，物的資源と人的資源の結合体である企業の行動は，そのあり方自体が，マーケットからの評価を得るために重要になるのである。

以上の経営者についての論点に対して，ミンツバーグ（Mintzberg, 1973, 2009）は，上級マネジャーの詳細な観察調査から，彼らの日常的役割を，①対人関係にかかわる役割，②情報にかかわる役割，③意思決定にかかわる役割の３点に集約している。

上級マネジャーの役割としての対人関係は，部下，取引先，株主などステイクホルダーの要請にうまく答えることであり，仕事の大半がこれに充てられる。情報に関しては，重要情報を収集し，精査し，伝達することである。たとえば，売上高目標を伝える場合，それに達成する場合の報酬や，未達の場合の評価情報など，部下に納得のいく情報を伝達することが求められる。そして，意思決定に関しては，あるときは企業家の立場から，またあるときは資源配分者や交渉者として，意思決定する役を果たすのである。したがって，決断できない人をマネジャーに抜擢した場合は悲惨である。

上記からも明らかなように，経営者の役割にマネジメント職能も含まれるが，それは一部にすぎない。こうした経営者の役割については，バーナード（1938）が『経営者の役割』のなかで詳細に議論しているが，その内容は経営者の根源的な役割を論理的に整合して描いており，今日でも一向に古びてない。

バーナードは，ファヨールと同じように，経営者としての長年の体験（AT&Tの有力子会社ニュージャージー・ベル電話会社の社長：1927年～1948年）を通して，経営者の役割を明らかにした。すなわち，組織一般の観点からみて，経営職能とマネジメント職能が異なるのは当然であり，企業に特定して言えば，経営職能は企業組織を維持・存続することである。それは，非人格的なもので，人格を前提とすることも含むマネジメントとは別のロジックになる。

組織を維持・存続させるには，誘因≧貢献の条件を充足することが必要である。バーナードによれば，組織メンバーは従業員ばかりでなく，顧客，株主，取引先など，いわゆるステイクホルダーのことを意味し，その一部でも組織への貢献が欠けると組織の存続が危うくなる，という前提が欠かせない。なぜなら，顧客離れといった顧客の貢献（購買）がなくなれば，組織は収入を得ることができなくなり，存続できなくなるからである。したがって経営者は，顧客にその貢献以上の誘因を提供し続けることが必要である。誘因の具体例として想定できるのは，顧客に対する製品・サービス，従業員に対する給料・昇進など，株主に対しては株価のアップや配当などである。

経営者の役割はこれだけでない。仕事を委譲せざるを得ないなかで，部下が命令・支持をスムーズに受け入れて，経営者の意図通りに実行するような**無差別圏**[2]（zone of indifference）の構築も図らなければならない。そのためには，部下から信頼がなければならない。つまり，経営者の権威が受容されないと仕事が進まないため，経営者の行動は社会から受け入れられる道徳準則に従うことが求められる。横暴な経営者は長続きしないのである。

組織の存続は，組織の有効性と能率の実現に依存する。バーナードによれば，組織の有効性は対外的均衡にかかわることで，具体的には組織目的の達成度を意味し，組織の能率は対内的均衡にかかわることで，組織メンバーの満足度を意味する。したがって，組織が長期的に存続するには有効かつ能率な組織であることが必要だと言える。ただし，短期的には，有効性と能率の片一方だけでも達成できれば存続可能である。そして，対外的均衡と対内的均衡を維持するためには，組織メンバーが受け入れる価値基準や規範である道徳的準則，換言すれば経営理念を創出することが必要で，これが経営者の本質的な役割の１つである。

2：翻訳書では「無関心圏」と訳されているが，命令を無差別に受け入れる範囲という意味から本書では「無差別圏」とした。サイモン（1997）は受容圏（area of acceptance）と命名している。

要するに，経営者が企業を経営するということは，企業組織を存続させることに他ならない。そのために求められる基本的な考え方は，組織の成立条件である①コミュニケーション，②貢献意欲，③共通目的を満たすことである。そして組織を存続させるために，誘因≧貢献の図式を実現させながら，有効性と能率を確保する。これらを満たすには，経営者としての行動が社会的な規範から逸脱しないよう，倫理的・道徳的規範に則ることも必要である。こうした，それぞれの観点に注視して企業のために意思決定することが，経営者に求められる役割なのである。

7. 取締役，執行役，執行役員

企業経営の実態をみると，不思議なことがある。たとえば，取締役や執行役という会社役員でも，代表取締役，取締役，社外取締役，執行役副社長，常務執行役員，執行役員など名称がさまざまある点である。彼らすべてを経営者と言ってよいのだろうか。

こうした状況をもたらしているのは，法的な名称と日常の敬称が混同しているからである。取締役（会社の重要事項や方針を決定する役）は株主総会で選任される法的機関であると同時に法的な役職であるのに対して，執行役（指名委員会等設置会社で設置が法的に義務づけられる会社業務の執行役）は取締役会で選任される法的な役職，そして執行役員（決定された重要事項の執行役）は取締役会で選任される社内的な肩書きで，法的な役職でなく従業員である。

執行役員制に関しては，1997年にソニーがコーポレートガバナンスの観点から初めて導入して以来，多くの会社が追随し，日本監査役協会によると，2016年には上場企業の約7割が導入している。この制度は，多くなり過ぎた取締役の数を減らし，取締役会の本来の機能である会社の業務執行に関する意思決定のスピードを速めることを意図して導入されたものである。執行役員とは，特定の事業部門などの長として実際の業務執行に対する責任と権限をもつ幹部社員を表しており，人数が多くて無機能化していた取締役会をして，会社の重要な方針を決定する機能に専念できるように意図した産物である。そして，業務執行を執行役員に任せることで，重要事案の決定と実行の分離によって会社運営の透明性も進むことになった。

実際に執行役員制度を導入する場合，従来の専務や常務といった役付き取締役だけを取締役として在任させ，それ以外の役無し取締役を執行役員として業務執行だけ担当させるなど，その処遇変更は企業によってさまざまである。とは言え，多くの会社がこの制度を導入していることは，換言すれば，決定と執行の分離に関して会社の透明性が増していることの表れである。

実際，大企業の大半が経営会議や役員会議という名のもとに，経営上の意思決定事項を検討し，最終決定は取締役会に委ねる体制をとっている。役員会と取締役会の違いは，法律で義務となっているかどうかであり，取締役会は会社法で義務となっている。会社法において，「役員」の定義は決まっているが，「役員会」についての定義はない。通常「役員会」と言うだけでその意味は通じるが，法律的に決まったものでなく，「会社内で使う言葉」なのである。ただし，「役員会」に出席する人は，会社法で決められた「役員」であり，会社の経営に携わる上級マネジャーを指す。

いずれにせよ，法的に責任を負うという意味で考えれば，法的役職者（取締役と執行役）は経営者と言えるが，法的役職者としての責任が問われない執行役員は経営者と言えない。したがって，執行役副社長と常務執行役員では，前者が経営者，後者が従業員ということで会社内の位置づけが明らかに異なるのである。

本章のキーワード

所有と経営の分離，株式の分散，プロ経営者，経営者革命，経営，管理，PDCA，経営者の役割，外的均衡，内的均衡，無関心圏，執行役，執行役員

☑5章の気になるポイント

プロ経営者支配の確立

- 資本の証券化で株式会社の規模拡大
- 所有と経営の分離（**プロ経営者**支配の確立プロセス）
  ⇒これが進展するのは大規模化が理由

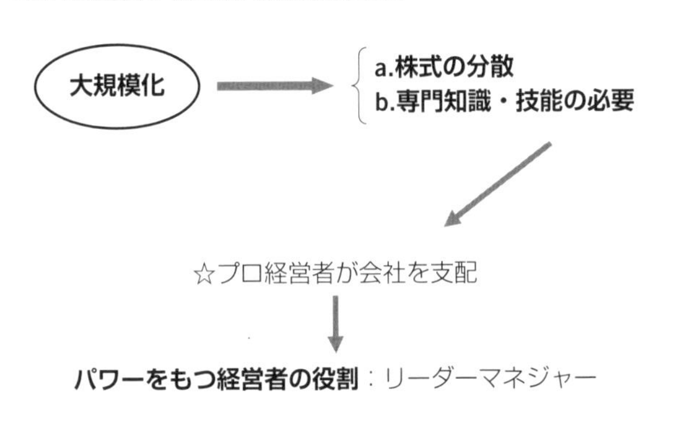

☆プロ経営者が会社を支配

パワーをもつ経営者の役割：リーダーマネジャー

経営者の具体的活動

▶対外活動：
⇒財界活動，IR活動，ステイクホルダー・エンゲージメント

▶対内活動：
⇒将来ビジョンの設定，戦略策定，組織能力の強化，後継者育成

《経営者の持つリーダーとマネジャーの側面》

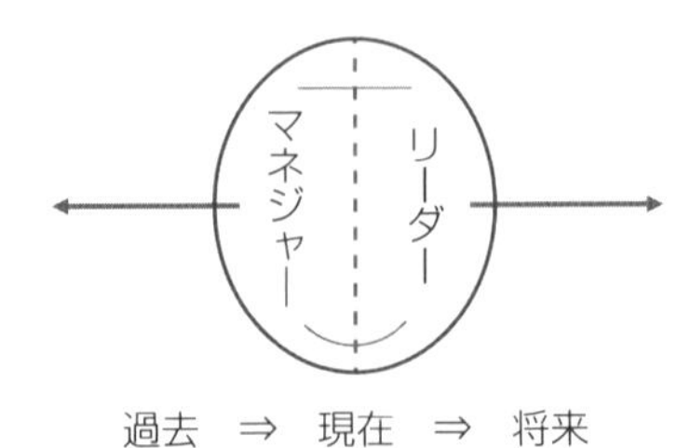

過去 ⇒ 現在 ⇒ 将来

第6章
経営の意思決定

本章の謎解明

- 人によって意思決定の結果が違うのはなぜ？
- 最適化意思決定ができないのはなぜ？
- オーソリティの源泉についていろいろな見方があるのはなぜ？
- 意思決定が影響されるのはなぜ？
- 人間が個人人格と組織人格の２側面をもつのはなぜ？

1. 意思決定のプロセス

意思決定は人間の行動，組織の行動の出発点であり，経営学においては特に重要な概念とされてきた。たとえ，問題解決のために戦略案，商品案，デザイン案などがいろいろと提案されても，最終的にそのなかから1つに決定しないと行動に移れないのである。

企業の経営活動においても，いろいろな側面で意思決定が避けられない。直面する問題に対処・決断できなければ，次の局面に行動を移すことができないため，意思決定なくして企業行動は成り立たない。また，組織的活動における計画化，組織化，統制といったマネジメント（管理）職能のいずれも，意思決定によって遂行されるのである。

こうした多様な場面で実施される意思決定について，定義づけは場面ごとに可能だが，本書では，通説通り以下のようにしたい。すなわち意思決定とは，**目標を達成するために，2つ以上の代替案のなかから1つの代替案を選択するプロセス**，である。この通説に従うと，一定の目標を達成するための行動と言う場合，必ずそれに先立つ意思決定のプロセスがあり，解決策（代替案）の選択が必須であることが示唆できるからである。

意思決定のプロセスは，一連の流れから捉えると，問題の知覚→解決策の探索→解決策の測定・評価→解決策の選択という形で整理できる。サイモン（1977）はこれを活動の観点から，①インテリジェンス活動，②デザイン活動，③選択活動から成り立つと捉えている。すなわち，インテリジェンス活動で意思決定のための情報を収集・整理して問題点を明らかにし，デザイン活動で問題解決のための代替案を探索し，選択活動でそれらを評価し決断するというプロセスである。

ただし，同じ問題に直面して同じ意思決定プロセスを踏んだとしても，意思決定の結果が同じとは限らない。なぜなら，意思決定プロセスは，問題の特定，解決案の探索，評価，選択などの各要素から成り立っており，決定者はそれぞれ独自の決定前提（decision premises）を基準として選択肢を絞るからである。決定前提は意思決定が行われる場合の前提条件であり，サイモン（1997）によると，決定者の主観的評価基準である**価値前提**と，事実データなどによる客観的評価基準である**事実前提**の２種類がある。

価値前提は事実前提と違い，それが客観的に真実かどうか判断できないため，これを前提とした意思決定がなされると，その内容は決定者によって異なる。また価値は主観的に判断されるものであるため，それが適切なものかどうか評価するのは不可能である。この場合可能なのは，代替案の選択が目標達成のための手段として適切かどうかだけである。サイモンは，意思決定の科学的分析を志向することから，客観性に欠ける価値前提をあえて排除して，事実前提だけを決定前提として分析を進めた。そのことが，後にサイモン批判にもつながったが，組織文化といった価値の問題を取り入れなければ議論できない分野の位置づけを鮮明にしたのも事実である。

いずれにせよ，意思決定を通じて企業経営や組織運営がなされているのは明らかだが，経営トップが意思決定すればその意図通りに企業行動が伴うとは限らない。組織がその目的を達成するためには組織人格に基づくメンバーの協働が必要であり，経営者やマネジャーの命令が部下に受け入れられるよう**受容圏**[1]（area of acceptance）を構築するとともに，その意図通り部下を行動させるパワー（power）やオーソリティ（authority）が必要である。この両者の関係について，パワー概念を軸に捉えた場合，公式的部分がオーソリティであり，非公式な部分が狭義のパワーである。

1：バーナード（1938）は，同じ趣旨で無差別圏（zone of indifference）という用語を使っている。

フレンチ&レイベン（French & Raven, 1958）によると，広義に捉えたパワーの源泉には，「強制力」「報酬力」「正当力」「専門力」「同一力」があるとされる。また多くの研究者を巻き込んで議論された，正当力や専門力にかかわる**オーソリティの源泉**については，**法定説**（法律が規定する），**職能説**（フォレット（1942）による考えで，生産，販売などの職能を担当することを理由に当該職能に関して他箇所に命令できる），**受容説**（部下が命令を受け入れるかどうか決める）に整理される。

バーナード（1938）は，電話会社の経営者としての体験から，オーソリティの源泉について，命令は部下が受容しなければ実行されないという受容説を主張する。そして，それが実現するには，①伝達内容が理解できる，②組織目的と矛盾しない，③部下個人の利害と相反しない，④部下が精神的・肉体的に従うという条件が必要だと述べている。またオーソリティの源泉には，職位，仕事能力，人間的魅力なども考えられるが，経営行動に関して言えば，社会の道徳的価値観に一致しない命令行動は，組織メンバーから受け入れられない。したがって，経営者は社会的価値観を反映するステイクホルダーから非難されないよう，自らを律することが必要なのである。

2. 限定された合理性による意思決定

目標と代替案との事実関係から，目標達成のために最適な代替案が選択された場合，これは100%合理的な意思決定と言える。**最適化意思決定**モデルは，こうした合理的な意思決定を達成した姿であり，①客観的な代替案のすべて，②代替案による結果のすべて，③代替案を順位づける明確な評価基準，④評価最高の代替案を選択，という各条件を満たすことが可能な意思決定である。

しかし，現実にはこのような意思決定の合理性を確保することは不可能である。なぜなら，人間の行動にはさまざまな制約がともなっているからである。たとえば，情報や知識の不足，時間や能力の限界，価値観や目標の多様化によって，すべての代替案の探索，結果の予測，順位づけなどは不可能である。

このため，意思決定の合理性が高い，すなわち最適化意思決定は現実的モデルではなく理念的モデルにしかすぎない。実際には，意思決定者はさまざまな状況に取り囲まれながらも，換言すると，**限定された合理性**（bounded rationality）に基づいて意思決定を行っている。これは，制約された条件のなかで各自がもつこれなら十分満足という**満足基準**による**満足化意思決定**と言える。人間仮説としてみれば，最適基準による最適行動を探求する**経済人**（economic man）モデルではなく，満足行動を志向する**経営人**（administrative man）モデルが想定される。

満足化意思決定のモデルでは，すべての代替案を探索する必要がなく，代替案の探索をどこまですればよいかは意思決定者の満足基準を上回っているかどうかで判定される。もしそれを上回る代替案が見つかれば，それが選択されるのである。たとえば，50万円の予算で赤の2シーター・スポーツカーを購入しようとする場合，理論的には候補となる車をすべて検討して最適な車を選ぶことが可能なはずである。ところが現実的には，探す時間や能力の限界，情報不足などで，とりあえず探している最中に満足する車がみつかれば，それを買ってしまうケースがほとんどである。

最適化意思決定はすべての代替案のなかから誰からみても最適なものを選ぶことが特質なのに対して，満足化意思決定の場合は，代替案を逐次的に探索していくうちに個人的に満足基準を上回るものがあれば，それで探索活動を終了し，選択へと移行する。この意思決定モデルの発想は，時間や能力の限界を経験した人なら納得できるものであり，当然だと思われる。ただし問題は，もし満足基準以上のものがなさそうならば基準を下げたり，またそれが低過ぎると感じるときは上げたりして，経験適応的に意思決定がなされるということを説明する必要があるため，定式化したモデルとは言えないという批判もある。

3. 意思決定のパターンと構造

意思決定は個人レベルばかりでなく組織レベルの問題でもあり，その内容によっていろいろなパターン化が可能である。意思決定のパターン化とは，問題を解決するために行われる多様な意思決定の類型化であり，問題の特質や内容，またどのような状況で行われるかに応じて，いくつかに識別するものである。

当面の問題発生が反復的，ルーティン的なもので，それに対する解決策が経験的に決まっている場合がある。たとえば，同じようなクレームや反復的に起こる問題発生に対する意思決定は定型化されることが多く，これをプログラム化できる意思決定ないしは**定型的意思決定**と言う。レストランのウェイターが客にコーヒーをこぼしたとき，責任者はどう対応すべきかや，コンビニ店である商品の在庫が不足したならばどうするかなどは，あらかじめ決められた手続きによって事が処理されるのである。

直面する問題が反復的でなく初めての場合，意思決定者はその問題解決のために決まり切った手順でなく，問題の知覚から選択に至る本来の意思決定プロセスを駆使して対処しなければならない。この場合，過去にうまくいったケースが蓄積されてないため意思決定をプログラム化（定型化）することはできない。そのため，プログラム化できない意思決定ないし**非定型的意思決定**と言う。たとえば，新製品の開発，外国への進出などが挙げられる。

厳密な意味での意思決定は，すべて非定型的意思決定と言える。だが，プログラム化した決定も，これまでに積み重ねてきた意思決定の産物であるため，一連の決定プロセスを経ていないとしても意

図表 6-1　意思決定のパターンと技法

意思決定のパターン	意思決定技法	
	伝統的技法	現代的技法
定型的意思決定（プログラム化できる）	①習慣 ②事務的慣例：標準的手続き ③組織構造：ネットワーク	①オペレーション・リサーチ：シミュレーション ②コンピュータ処理：スーパーコンピュータ
非定型的意思決定（プログラム化できない）	①判断，直感，想像力 ②目の子算 ③有能な人材育成・訓練	①ヒューリスティック：経験蓄積 ②人工知能：学習するコンピュータ

出所：著者作成

思決定に他ならない。もっとも実際は，このような定型—非定型の区別は明確にできるものではない。いずれも理念的な見方によるものであり，現実の意思決定はいずれかに近いパターンとして行われる。この点を踏まえて，対照的な意思決定モデルとして区別すると，そこにはそれぞれに適した分析技法があることがわかる。図表 6-1 はそれをまとめたものである。

以上のような決定プロセスによる区分とは別に，アンソフ（1965）は，その扱う内容から組織における意思決定を次のように 3 つに分けている。すなわち①**戦略的意思決定**（経営トップ層による企業の方向性にかかわる決定），②**管理的意思決定**（経営ミドル層による所与の課題解決にかかわる決定），③**業務的意思決定**（インプット資源の変換プロセスの効率を最大にする決定）である。これらは，組織全体の目標達成のために，相互依存的かつ補完的な関係にあると言える。たとえば，管理的意思決定は戦略的意思決定の枠内という制約が課されるし，戦略的意思決定にしてもそれが管理的，業務的な各決定が可能であるようなものに限られるからである。またこの区分から，戦略的意思決定は構造化されてない問題に対してであり，それも反復的，日常的になされるものではないので非定型的意思決定の傾向を示すものと言える。一方，管理的意思決定，業務的意思

図表 6-2　経営意思決定の構造と種類

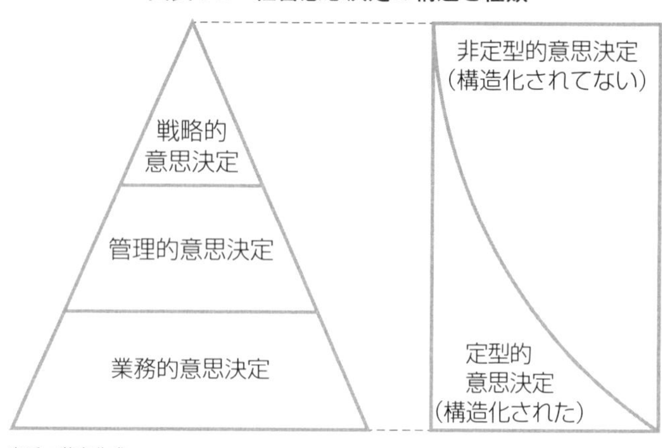

出所：著者作成

決定とレベルが下がるにつれ，構造化された問題に対するものが多くなり，それらは定型的意思決定になる傾向があると言える。

意思決定のパターンは上述のような分類だけに限定されるものではない。決定主体による分類として個人的意思決定と集団的意思決定や，その他にも，集権的意思決定と分権的意思決定，長期的意思決定と短期的意思決定など，いろいろな観点から意思決定を識別することが可能である。図表 6-2 は，以上の点を踏まえ，経営意思決定の構造と組織における意思決定の性質を関係づけている。

4. 組織的意思決定と組織の意思決定

組織メンバーの意思決定の場合，その性格からして２つに分けることができる。第１は，組織に参加するかどうかの決定で個人的意思決定と言われるもので，メンバー個人の目的達成のための決定，換言するなら，**個人人格**に則った意思決定である。第２は，組織の誘因に応じて組織に参加した後の意思決定で，組織への貢献をどのようにするかを決定する組織的意思決定と言われるものである。これは，組織目的達成のための決定であり，メンバーの有する**組織人格**を反映するものと言える。

こうした意思決定は，組織内外からのさまざまな影響を反映するものである。なぜなら，個人人格や組織人格は操作可能で，環境からの影響で変わりうるからである。組織メンバー の意思決定を解明するためには，このような影響力が決定プロセスにいかに作用するかを明らかにすることが必要である。

既述のように，意思決定は決定前提に基づいて行われるため，決定前提に組織内外から何らかの影響力が及ぶと，意思決定それ自体が変わることになる。それゆえ，意思決定に及ぶ影響とは，基本的に決定前提にかかわるものと言える。

組織は，メンバーが組織のために意思決定するように，影響力を及ぼす仕かけをいくつかつくっている。サイモン（1957）はこの点について，①オーソリティの行使，②コミュニケーション，③組織への忠誠心の養成，④能率の基準，⑤訓練などを挙げている。これらのうちどれを重視するかは，組織の置かれている状況で異なるが，いずれも影響力行使の手段として意図的に使える要因である。

オーソリティの行使と組織への忠誠心の養成は，組織メンバーの価値前提に影響を及ぼす要因である。これに対して，能率の基準は事実前提に影響を及ぼすための要因である。なぜなら，能率的であることは，目標達成を最短で行うことを意味しているにすぎないからである。また，コミュニケーションと訓練はすべての決定前提にかかわる要因と言える。

組織目的達成にとって必要な意思決定は，言うまでもなく，組織的意思決定である。したがって，決定者となる組織メンバーに及ぼす影響力は，組織のための意思決定になるように仕向けられることになる。組織は，その目的達成のために，組織的意思決定がなされるように**全体最適**の観点から意思決定を調整し，ネットワーク化することが求められる。

組織的意思決定をネットワークの視点からみると，組織構造の違いによっていろいろなパターンに分けられる。たとえば，組織形態としての職能部門制組織，事業部制組織，マトリックス組織を比べると，意思決定のネットワークが異なり，集権的な意思決定，分権的な意思決定，折衷的意思決定のようにパターン化ができる。

組織メンバーの組織的意思決定がこのようにネットワーク化されると，そこに**組織の意思決定**という現象をみることができる。組織的意思決定は，組織レベルの違いがあるとしても，あくまでも個人レベルのものであり，組織の意思決定こそ組織のレベルのものと言える。組織の行動は個人レベルの意思決定が合成されたものとしてでてくるのであり，それが組織の意思決定として把握されるのである。アリソン（1971）はキューバ危機における組織の意思決定を合理的，組織プロセス的，政治的の３つの観点から分析している。

企業は多角化，海外進出，M&A，戦略提携，アウトソーシングなどいろいろな決定を組織レベルで行っているが，これらを分析するには，意思決定のネットワークを把握するとともに，その決定がどの範囲のネットワークで行われたか，どのような**合成的意思決定**（個々の意思決定の積み重ね）によったものかを明らかにすることが必要と言えよう。

5. 不確実性・あいまい性下の意思決定

組織の意思決定は，将来の方向性を決断することが主であり，不確実性ないしリスクのなかでの意思決定が多い。一般的に，不確実性の状況は，将来がどうなるかわからないため計算できない状況のことであり，ある程度確実さが計算できるリスク状況とは異なる，とみなされている。

不確実性の高い状況で業務を遂行する場合，個別案件でリスクに直面することがあるが，そのときは現場の判断が組織にとって欠くことができない。したがって，不確実性下の意思決定とリスクを計算できる意思決定では，決定までのプロセスが異なるとともに，意思決定者に求められる決断力も異なる。決断力のある者なら不確実性下でも意思決定できるが，決断力がないと決定をもち越すことになる。近年，企業を含め多くの組織で決定もち越し状況が散見されるが，それは意思決定者の決断力のなさを物語っていると言える。

リスク問題の場合，決断力がないとしても，ある程度計算可能なので，決定の根拠に数字で客観性が担保できるため，意思決定が可能である。それは決定責任の程度が事前にわかるからである。これに対して不確実性下の意思決定では決定責任があいまいなため決定先送りになりやすい。

このような状況で近年注目されているのが，**創発性**（emergency：偶然の産物も含め，組み合わせの妙による新機軸の発見）という概念である。問題解決のため，計画的にデータ・情報を収集し分析することは合理的であるが，事態が変容すれば，すでに収集したデータ・情報が通用しない局面になってしまう。その場合，創発性を生かすべく，データや情報にとらわれない直観的な判断も活用して，非合理的な意思決定を行い目標以上の成果を得ることもある。ある経営者は，これを「確信ある直観」と呼んで実践している。

ところで，現実の意思決定を説明するモデルは，問題解決そのものが意思決定だという前提で展開されるが，それに異論もある。すなわち，あいまいな状況で解決しないことを選ぶことも意思決定だという考え方である。たとえば，問題に対してあえて解決策を模索しないで，それを見過ごす現象である。ライバル企業が海外進出を計画しているという情報が入ると，伝統的な考え方では，それは新たな問題発生であるため，何らかの対応策を決定しなければならない。しかし，この情報を意図的に見過ごすという決定もありうる。こうした現象を説明するのに有力なモデルが意思決定の**ゴミ箱モデル**（Cohen, March & Olsen, 1972）である。このモデルによると，組織の意思決定は，問題，解，参加者（意思決定者），選択機会（会議など）という決定要素がゴミ箱にバラバラに詰め込まれる状況で行われるため，選択は各要素の流れやタイミングに影響され，恣意的ないし偶然的産物である。

製品開発会議や各種委員会における意思決定の場合，いろいろな決定要素が次々に出入りするところだと想定できる。そうしたなかで決定に至るプロセスを説明できるのがゴミ箱モデルである。ただし，このモデルが通用するのは，学校など営利活動を行わない組織のみだという批判もある。なぜなら，営利活動の決定においては合理的になればなるほど，競争上優位に立てるからである。

また別のケースだが，会議が時間切れになると，大きな声を出す人の意見が通ってしまうことがある。こうした状況は，集団で意思決定する場合によくみられることで，意思決定が必ずしも合理的に行われているわけでないことを表している。この場合を説明する際にもゴミ箱モデルが有効であることから，これは，非合理的な意思

図表 6-3　ゴミ箱モデル

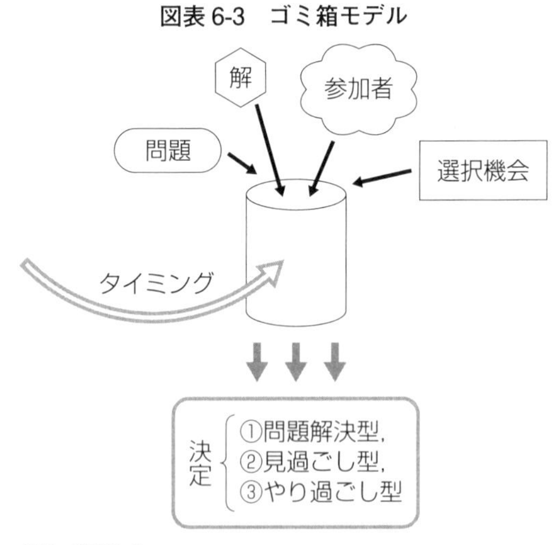

出所：著者作成

決定モデルとしてユニークな見方を提供しているものと言える。

ゴミ箱モデルで明示される決定パターンは，伝統的な見方を含め3つに整理される（高橋，2000)。すなわち，①問題解決型による決定（伝統的なパターンで，問題解決ための決定)，②やり過ごし型による決定（選択機会をみつけず問題を先延ばす決定)，③見過ごし型による決定（とりあえず選択して問題が顕在化する前に決定）である。

たとえば，人材採用の場合，担当者は，優れた候補者から選ぶという根本的な問題解決に対処する時間もなく，とりあえず目標数の採用決定が優先される。それがたとえ，経営トップから人材の質を上げるように指示されていたとしても，その解決は先延ばされ，やり過ごしによる決定がなされてしまう。本来なら解決しなければならない問題でも，その解決に多大なエネルギーが求められるものだと，解決はやり過ごされ，決定だけされてしまう。また，コア技術を活かすために戦略提携先を探していたところ，たまたま提携先がみつかる（選択機会）と，そこの問題点や他の可能性にエネルギーを費やす前に決定されてしまうことがある。これが見過ごしによる決定（高橋，2016）とよばれるものであり，もっと時間をかけると適切な提携先をみつけられる機会があるにもかかわらず，それを見過ごすという点で非合理的な意思決定である。

本章のキーワード

事実前提，価値前提，最適化意思決定，満足化意思決定，オーソリティの源泉，限定された合理性，個人人格，組織人格，組織的意思決定，ゴミ箱モデル

☑6章の気になるポイント

意思決定行動

☆決定前提によって結果が異なる

完全に合理的な意思決定を志向するが
時間的・能力的に **限定された合理性**

《合理的に行動しようとしても結果的に完全に合理的でない》

情報の多様性・多義性

現実を描けない客観的情報（多様な情報）
共有できない主観的情報（**多義的な**情報）

業務のプログラム化の可否

☆定型業務⇒プログラム化
↓
模倣できる

☆非定型業務⇒プログラム化できない
↓
模倣できずパフォーマンスに差が出る

戦略的発想の重要性

合理性と意思決定の関係性

完全合理性 ⟶ 最適意思決定

限定された合理性 ⟶ 満足意思決定

第7章
経営戦略

本章の謎解明

- 戦略の見方にいろいろあるのはなぜ？
- シナジー効果がもたらされるのはなぜ？
- 創発的戦略を実現するのが難しいのはなぜ？
- 戦略パターンが形成されるのはなぜ？
- PPM が広く活用されたのはなぜ？

1. 戦略概念の登場・発展

競争優位に立つには何らかの手を打つ必要がある。そこでまず求められるのが，限られた時間，能力においてとりうる戦略的思考（目標達成を第一に考える）であり，それに基づく戦略策定である。

今日，企業経営をはじめ，戦略（strategy）という用語が広く使われるようになったが，その本質についての理解はまだ不十分のようだ。これは，もともと軍事目的達成のために用いられてきた用語で，経営学の文献で使用され始めたのが，60年代以降だからかもしれない。しかし，企業の目的達成に関する，チャンドラー（Chandler, 1962），アンソフ（Ansoff, 1965），アンドリュース（Andrews, 1971）らの研究成果を通じて，企業の戦略研究が発展したのはまぎれない事実である。

チャンドラーは戦略について，「企業の基本的長期目標・目的を決定し，さらにこれらを遂行するのに必要な行動方式を採択し諸資源を割り当てること」（p. 13）と定義づけたうえで，「組織は戦略に従う」（戦略→組織）という命題によって，戦略が組織の構造や成果に影響する点を明らかにした。

一方アンソフは企業戦略を，「⑴企業の事業活動についての広範な概念を提供し，⑵企業が新しい諸機会を探求するための明確な指針を決定し，⑶企業の選択プロセスを最も魅力的な機会に合わせる意思決定ルールによって企業の役割を補足するもの」（p.104）とみなし，**企業戦略**（corporate strategy）の形成プロセスを意思決定論の観点から検討している。

またアンドリュースは，「戦略を企業の目標，意図ならびにそのための主要なポリシーのパターン」（p. 28）と定義づけたうえで，**経営戦略**（business strategy）の策定と実行の分析を行い，ハーバード・ビジネス・スクールで当時開講されていた経営政策論とは異なる，企業の戦略行動論を展開する必要性を説いた。

企業経営における戦略論の発展は，こうしたアカデミックな世界だけの話ではなく，実務の世界でも60年代以降広くみられた。それは，ボストン・コンサルティング・グループ（BCG）をはじめとする経営コンサルタント会社によるセグメント方式をもとにした戦略技法（たとえばPPM）が実践され，戦略的思考の重要性と有効性が明らかになったことからわかる。

企業経営において，上記のような背景の下で戦略の必要性が高まったことは，組織の発展という観点からも理解することができる。それは，組織構造が単純なものから複雑なものへ，すなわち職能部門制組織から事業部制組織へと発展することによって，戦略の概念も発展してきたと言えるからである。ホファー&シェンデル（Hofer & Schendel, 1978）は，これを組織の発展に応じて戦略が不明瞭なものから明確なものになると捉えた。

組織は，事業の量的・地理的拡大がうまくいけば，さらに新規事業の創出・拡大を繰り返し，成長発展を遂げる。そして，そのプロセスにおいて組織構造も，業務システムの構築から管理部門の強化，部門構造の構造化・複合化がなされる。そうしたなかで，戦略は組織内の職能に関するものから事業レベル，そして企業レベル，対外レベルへと対象が異なるとともに，あいまいなものから具体的なものへと変遷をたどる。つまり，組織の発展レベルに応じて，対象となる戦略も異なるため，戦略概念も多様になるのである。

戦略の具体的な内容を理解するには，戦略をさらに構成要素に分解することが必要である。この点についてアンソフ（1965）は，戦略の構成要素として，①**製品―市場分野**（企業の製品と市場の分析），②**成長ベクトル**（企業が当該の製品―市場分野で行おうと計画している変化），③**競争優位性**（企業に強力な競争上の地位を与えてくれる個々の製品―市場の特性），④**シナジー**（相乗効果；1+1=±3になる現象）を挙げている。

またホファー&シェンデル（1978）は，それを事業の観点から，①事業範囲（組織のドメイン），②資源展開（組織の独自能力），③競争優位性（競争相手に対する独自の地位），④シナジー（資源展開や範囲決定における相乗効果）から成り立つと指摘している。

戦略概念の拡大とその構成内容は，各研究者の観点からなされており，その意味する内容と構成要素は，論者によって異なる。たとえば，戦略をどう捉えるかという点で，目標設定と戦略策定を含んだものとする見方がある一方，両者に相互関係があるがそれぞれ独自のプロセスであると考え，戦略策定のみをもってして戦略とみなす見方もある。

このような混乱した多様な戦略概念に対して，ミンツバーグ（Mintzberg, 1987）は，各研究者が共通してとり挙げる内容に着目して，"○○○としての戦略"という観点から整理して，その頭文字から，戦略の5Pモデルが提案できると主張している。すなわち，①**計画**（Plan）としての戦略（意図的なガイドライン），②**策略**（Ploy）としての戦略（競合相手を出し抜く方法），③**パターン**（Pattern）としての戦略（一貫した行動様式），④**位置づけ**（Position）としての戦略（市場環境における位置づけ手段），⑤**パースペクティブ**（Perspective）としての戦略（企業と環境についての認識様式），である。

しかし，実際に使われる戦略概念がそれぞれの観点において一貫して扱われているとは必ずしも言えない。いずれの考え方にも一部重複した部分があるとともに，位置づけとしての戦略を策定・実行する場合，パターンとしての行動様式も反映せざるを得ないからである。現実に戦略を分析する際，戦略概念は5Pモデルの各モデルの部分的複合体として捉えられているケースが多い。

したがって，戦略概念はその使われる状況によって次のような内容が複合化したものと捉えることが可能であろう。

(1) ドメインの設定といった将来の方向・指針
(2) 環境とのかかわり方・位置づけといった現状認識方法
(3) 意思決定のパターンや行動ルールの特定化といった実行様式

戦略をどのように捉えようと，現実問題として，それが経営者の頭のなかにある意図した**戦略**から現実の組織行動としてでてくるものまで，レベルの違いを含めそのバリエーションは多様である。意図した計画的戦略がすべて現実の戦略になるとは限らないし，**創発的戦略**が現実の戦略になってしまうこともありうる。

創発的戦略とは，詳細な市場分析によって念入りに作成した計画的戦略とは異なり，既存の戦略を実施中に，直観や思いつきによって生まれてくる戦略である。たとえば，ホンダが1950年代末に計画的戦略で米国の中型バイク市場に参入したケースが挙げられる。ホンダは，自信のある中型バイクをもって，月1000台という販売目標を設定して進出した。ところが，販売が予想外に不振で，新たな策を練らねばならなくなった。そんななか，現地社員が近場の移動に使用していたスーパーカブ（50cc）が注目を浴びていることに気づき，小型バイクの販売に重きを移した（創発戦略）。燃費が良く壊れ

図表 7-1　創発的戦略

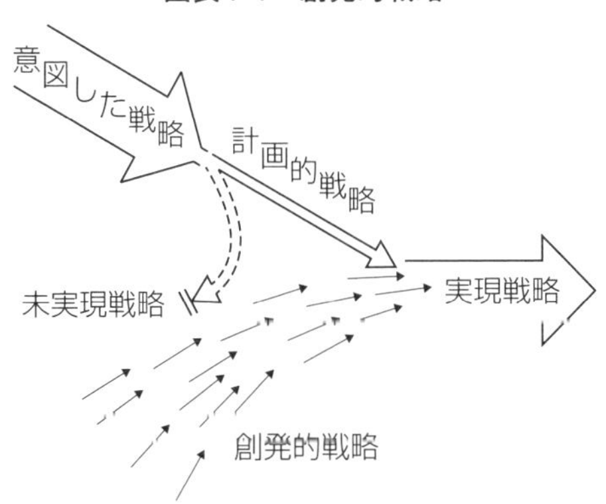

出所：ミンツバーグ（1987），p.14.

にくいバイクとは言え，米国市場で売れるとは社内で誰も想像しなかったスーパーカブの販売が結果的に急増した。しかも，そのことが副次的にホンダ製品の信頼性・ブランド力を高めることになり，やがては大型バイク市場においても成功することになった。

2. 企業における戦略構造

戦略概念の発展からみてわかるように，企業における戦略は，企業の経営全般にかかわる経営戦略以外に，階層レベルによっても把握が可能である。すなわち，企業レベル，事業レベル，職能レベルに応じてそれぞれ，企業戦略，事業戦略，職能戦略が識別できる。換言すると，企業における戦略は，企業経営の将来のあるべき姿を描く経営戦略をベースに，それを実現するために企業の各レベルで，それぞれの目標達成を実現する道筋として描かれた戦略から構成されている。

実際，事業レベル，職能レベルでは具体的な目標が設定されるため，それを実現するために何らかの方策が必要である。そして，どのような決め方で方策を決定するか，すなわちどのような戦略策定プロセスで最終的な戦略案を決定するかが問題となる。戦略は目標達成のツールであり，また目標に階層性があると，そこに目標－手段の連鎖性，すなわち目標の手段化と手段の目標化の連鎖が形成される。こうした，目標と戦略の関係を組織階層との関連で図示すると図表7-2のようになる。

企業レベルの目標達成のために企業戦略が手段として設定され，これが事業レベルの目標設定の制約要因として働く。そして，事業レベルの目標達成のために事業戦略が策定され，以下，職能レベルへとつながっていくのである。これから特定される各レベルの戦略が，次のように整理できる。

図表 7-2　目標と戦略

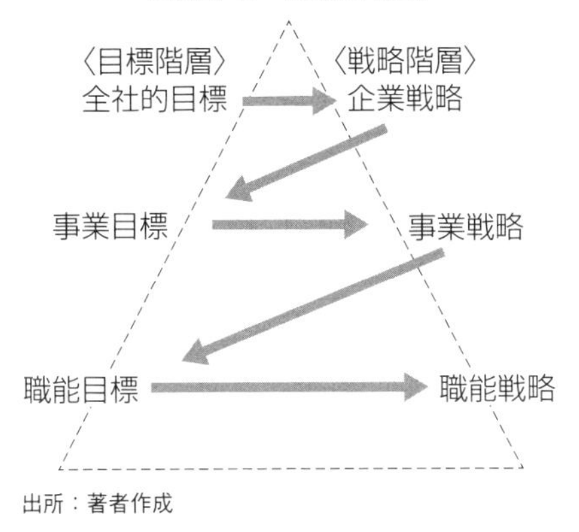

出所：著者作成

(1) **企業戦略**：企業全体の観点から将来を見据えた事業構成を実現する戦略
(2) **事業戦略**：各事業の製品／市場分野でいかに競争するかに焦点を当てた戦略
(3) **職能戦略**：各職能分野において資源をいかに効率的に利用するかの戦略

企業の各レベルの戦略は，事業の規模拡大や多角化した組織においてそれぞれ明確に区別されるが，企業が目標を達成して有効であるために，これらが相互に調和し一貫したものでなければならない。

企業行動にかかわる戦略は，このようにいろいろなレベルで策定されるわけだが，経営戦略，企業戦略，事業戦略および職能戦略の相互の関係は図表 7-3 のように理念的に，経営戦略の枠組みのなかで各戦略が複合しているものとして描くことができる。この図表では，事業ごとに横串が入っているのが事業戦略であり，生産や販売といった職能ごとに縦割りになっているのが職能戦略である。そして，企業戦略は，事業戦略と職能別戦略を包括している。ここで注目すべき点は，上記で識別した3つの戦略のベースとなるのが経営

図表 7-3　戦略構造

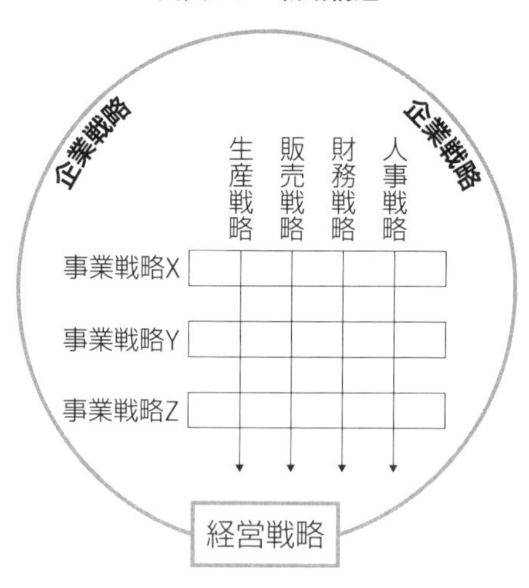

出所：著者作成

戦略である点である。

本来，企業経営の経営戦略は，**全体最適**が求められる。しかし実際は，各部門における戦略行動が最適を目指すとは言え，それは**部分最適**になり，必ずしも企業の全体最適とはならない。また，もし戦略が企業全体として整合していなければ，各戦略がそれぞれ効果的に働くことにはならない。そのためには経営戦略が一義的に明確になっていることが必要である。なぜなら経営戦略こそ企業行動の核であり，それが明確でないと他の戦略もあいまいになってしまうからである。またそれが良い戦略でなければ，たとえ事業戦略が良くても，企業としては持続的な成長は難しいのである。

3. 経営戦略の策定

(1) 戦略策定プロセス

どのレベルでも，戦略を明確にし，組織メンバーが共通認識できるようにすることが求められるが，それを可能にさせる手立てはあるのだろうか。この問題を明らかにするために注目すべきなのが戦略策定プロセスであり，従来から戦略が具体化される策定モデルが検討され，いろいろと明示されている。そのなかでも，ハーバード・ビジネス・スクールのアンドリュースらによるSWOTモデル，そして企業レベルと事業レベルのそれぞれを別個に扱ったホッファー&シェンデル・モデルが有名である。

SWOTとは，企業のもつ強み（Strength）と弱み（Weakness），外部環境の機会（Opportunities）と脅威（Threats）を意味し，企業の置かれている状況を分析するポイントを示している。そして，明らかになった事項の組み合わせを考えて事業の選択をするプロセスが戦略策定だと理解された。その後はこうしたモデルをベースに改良がなされ，さまざまな戦略策定モデルが提示されている。それらについて比較検討してみると，そこには潜在的ないし明示的であれ，次のような6つのステップが共通して各モデルに含まれていることがわかる。

(1) **目標・戦略の識別**：現在の目標・戦略を理解
(2) **環境分析**：機会と脅威の明確化
(3) **資源分析**：保有資源の強みと弱みを明確化
(4) **SWOT分析評価**：SWOT分析結果を目標達成の観点から評価
(5) **戦略案と評価**：新しい戦略案の識別とその多面的評価
(6) **戦略的選択**：実施する戦略案の選択

図表 7-4　戦略策定

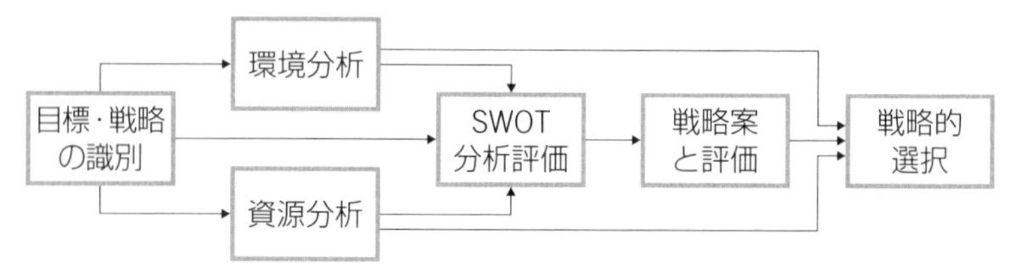

出所：著者作成

以上のステップを図示してみると図表7-4のようになるが，各項目は，各論者によって明確さ，内容の観点で若干異なっている。いずれにせよ，戦略策定プロセスは，マネジャーによる実行・評価も含む**戦略的マネジメント**の一環として捉えられるのである。

(2) 製品・市場マトリックスの成長ベクトル

実際に戦略策定を行う際にまず問題となるのが，自社の強みを活かせる**ドメイン**（企業組織の活動範囲）の確立である。たとえば，メーカーと言っても，飲料メーカーと自動車メーカーでは求められるドメインはまったく異なるため，適切なドメイン設定をすることが重要である。ドメイン設定は自由に行えるが，企業にとって意味あるドメインは，マーケット（顧客）が受け入れて**ドメイン・コンセンサス**されたもののみである。たとえば，事業ドメインを拡大して海外展開しても，そこに顧客がいなければ，換言すればドメイン・コンセンサスがなければ，そこでのビジネス活動は意味をなさない。

戦略の識別はドメインあっての話であり，現在の戦略がどのようなものであり，新たなドメイン設定を踏まえた**成長ベクトル**（拡大化と多角化）として考えられる戦略的発想にはどのようなものがあるのだろうか。これを明らかにするためにはドメインばかりでなく，資源展開（ヒト，モノ，カネ，情報の組み合わせ），**シナジー**（相乗効果）などを考慮に入れることが必要である。たとえば企業レベルや事業レベルの成長ベクトルの場合，製品―市場分野に関しての戦略的可能性をみるために，縦軸に現状および新規の市場分野，横軸に現状および新規の製品分野をとることによって，次のような４つの戦略が識別可能である。

- **市場浸透**：現在扱っている製品群を現市場でさらに売り込もうとする戦略で，具体的には，販売促進や PR 活動を行って，製品の市場浸透を図ることである。
- **市場開拓**：現在扱っている製品群を新規市場分に投入して売り上げを増大しようとする戦略で，具体的には販売地域の拡大，海外進出によって市場拡大を図ることである。
- **製品開発**：現市場に新規製品を投入して売り上げを増大しようとする戦略で，具体的には，新製品の開発・販売で製品群の拡大を図ることである。
- **多角化**：新規製品と新規市場を同時に実現しようとする戦略で，具体的には，未経験の市場に扱ったことのない製品で勝負することになり，新しいビジネスモデルの構築が求められる。

こうした製品・市場マトリックスによる戦略的可能性の類型は，成長ベクトルの発想から出てきたものである。成長ベクトルとは，現在の製品―市場分野との関連において，企業がどの方向に進んでいるかを示すものである。たとえば，ある企業が市場浸透にいきづ

図表 7-5　成長ベクトル

市場＼製品	現製品 ↓	新規製品 ↓
現市場 →	市場浸透	製品開発
新規市場 →	市場開拓	**多角化**

出所：アンソフ（1965）をベースに著者作成

まって他の戦略に転換する場合，すなわち製品開発や多角化に転換する場合，それがどの方向にいかなる内容をともなって進んでいるかがわかるのである。

企業は，製品・市場マトリックスをベースとした成長ベクトルによって戦略を特定したとしても，競合相手がいる場合，さらに競争優位性を獲得することが必要である。そのために，競合相手と比べて強力な競争上の地位を保てる独自の製品・市場分野を認識することが要請され，さらに提携やM&Aが行われることもありうる。

アンソフ（1965）は多角化について，M&Aによるものを想定して，①水平的多角化，②垂直的多角化，③同軸的多角化，④コングロマリット的多角化に分け，多角化が成功するかどうかは，プラス（+）のシナジー効果が発揮できるかに依存するとみなした。シナジー効果という言葉は，もともと生物学のものであったが，アンソフが企業戦略にかかわる用語として用いて以来，戦略論には欠かせない概念になっている。通常2+2は4になるのだが，これが5になったりする現象をプラスのシナジー効果と言い，3になったりするのをマイナスのシナジー効果と言う。したがって，調味料中心のメーカーが冷凍食品分野に進出するような多角化を行う場合，既存の事業と新事業の間にプラスのシナジー効果が働くような多角化であることが成功のカギとなるのである。

シナジー効果については，具体的にどんな種類があり，何を源泉として生じるかが問題とされるが，アンソフはこの点について，効率性のアップを狙う販売シナジー，生産シナジー，投資シナジーや，経営管理能力の有効活用を狙うマネジメント・シナジーなどを指摘している。

(3) 多角化戦略と組織

戦略の策定と実行は，いずれも組織内メンバーの協働の産物であるが，必ずしも策定された戦略が組織で実行されるとは限らない。

戦略は，策定されても実行されなければ絵に描いた餅になってしまうので，組織との関係を視野において考える必要がある。

戦略と組織の関係については，チャンドラー（1962）の提示した「組織は戦略に従う」（戦略→組織）という命題によって広く認識されるようになった。ところが，それと対立する「組織が戦略を決定する」（戦略←組織）という命題をアンソフ（1979）が提示したため，戦略が先か，組織が先かで論争が起こり，戦略と組織の相互の関係が大いに論究されることになった。

この論争で明らかになった点は，チャンドラーの命題は安定環境下でのもので，戦略に従う組織はその構造のことである。これに対して，アンソフの命題は乱気流環境下のもので，戦略が従う組織は組織能力のことであり，戦略は組織の有する能力に依存して決定されるということである。両者は，戦略と組織の関係について，組織の視点の違いからその関係性を異なって見抜いたと言えるのである。このような研究発展の経緯から，組織論と戦略論の橋渡しが必要という点が明らかになり，戦略研究において，組織との関係を前提に研究することが当たり前になっている。

とりわけ多角化戦略と組織構造に焦点を合わせたチャンドラーは，アメリカ大企業の歴史的分析を通じて，企業が成長戦略として多角化戦略をとると，それまでの職能部門制組織から事業部制組織へと移行するということを明らかにし，そこから，かの有名な命題を引き出したのである。そして，組織と戦略には段階的な発展があり，組織構造の変革は何らかの問題を引き金にして始まるということも示唆した。

この研究の延長線として位置づけられるものに，ストップフォード＆ウェルズ（Stopford & Wells, 1972）の多国籍企業の戦略と組織構造の研究がある。これは，ステージ1（単一製品・単一職能）からステージ2（単一製品・多職能）そしてステージ3（多製品・多職能）へと戦略が転換すると，それにともなって次第に事業部制組織へ組織も展開するというチャンドラー図式に対して，多国籍企業においても戦略によって，自立的（海外）子会社のフェーズ1から国際事業部のフェーズ2，そしてグローバル構造のフェーズ3へと展開することを関連づけたものである。

また，チャンドラーの教え子であるルメルト（Rumelt, 1974）は，アメリカ大企業の多角化戦略と組織構造，組織成果の関連を調べ，戦略と組織，成果の関係を実証した。それによると，まず第1に，1949-1969年の20年間においてアメリカの大企業では多角化戦略が進展し，前半の10年間では関連事業への多角化が，後半の10年間では非関連事業への多角化が目立つことを明らかにした。第2に，そのような戦略の変化とともに，組織形態が職能部門制組織から製品別事業部制組織へと移行したことも明らかにし，チャンドラーの命題を確証した。そして第3に，関連事業への多角化戦略（本業－集約型と関連事業－集約型）をとった場合，製品別事業部制組織にしなければ企業の業績は高くない，つまり，戦略と組織の適合関係が必要なことを明らかにしている。

わが国においても，ルメルトの実証方法を取り入れた研究が吉原ほか（1981）によってなされている。それは，1958-1973年の日本の大企業118社のデータに基づいて，多角化戦略と事業部制組織との関連を実証したもので，日本企業においても，「組織は戦略に従う」というチャンドラー命題が検証されている。しかしそのなかで，いくつかの日本的な特性も発見された。

まず，日本企業では事業部制組織の採用率がアメリカの企業と比べて低いが，これは，多角化の程度がアメリカの企業の場合よりも低いからに他ならない。また日本企業にはアメリカと比べて形だけの事業部制が数多くみられるということも発見された。日本では，自立的単位として認められないような事業部が多く，業績を上げたからと言っても俸給に結びつかないことが多かった。さらに，日本の企業の組織構造の特色は仕組みよりもプロセスにあり，たとえば，

「コンセンサスによる意思決定」や「価値と情報の共有」など，公式の構造側面とはかけはなれた要因がかなりのウェートをもっていたことが確証されたのである。

(4) 多角化戦略策定の枠組みとしてのPPM

戦略策定は既述のようにプロセスとして捉えられるが，その担い手は，経営者などの意思決定者である。それゆえ，戦略策定は何らかの思考・分析枠組みをベースに行われ，その枠組みの良し悪しが良い戦略を策定できるかの重要なポイントになると言える。

戦略研究が盛んになるにつれ，こうした枠組みも次々と生み出されてきた。そして，ボストン・コンサルティング・グループ（BCG）の開発した製品ポートフォリオ・マネジメント（Product Portfolio Management）は，その実践可能な点で優れたものとして一躍広まった。これは，通称PPMとよばれているが，多角化した企業が各事業に効果的に資源を配分するにはどうすればよいか，また企業全体として製品・事業の組合せを最適なものにするにはどうすればよいかを明らかにするのに役立つものである。ただし，このモデルが成り立つためには実証されてない2つの経験仮説を受け入れる必要がある。

1つ目は，製品にライフサイクル（life cycle）があるという**製品ライフサイクル**仮説を受け入れることである。この説は，生物であればいかなるものでも誕生から成長，成熟，衰退へと至るプロセスがあるが，それと同じように製品や事業にも寿命があり，一連のプロセスをたどるというものである。ライフサイクルの形は，いろいろなパターンとして考えられるが，一般的には図表7-6のようにS字型をしていると言われる。すなわち，導入期には成長率があまり高くないが，年数がたつに従い次第にそれが高くなり，やがてまた低くなるという姿である。

ライフサイクル仮説が意味するのは，成長期には投資効果が期待

図表 7-6　製品ライフサイクル

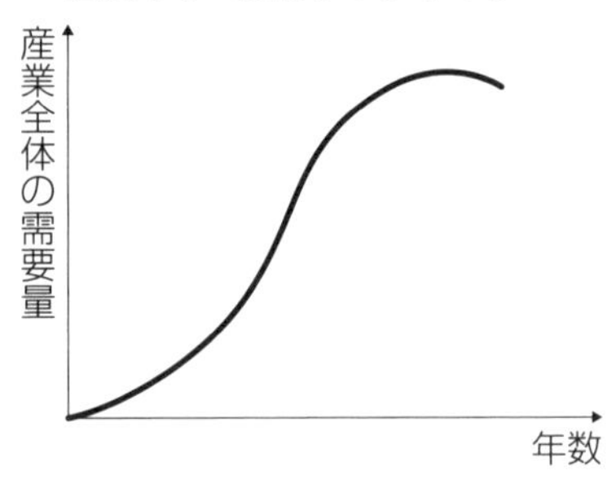

出所：著者作成

されるが，衰退期にはほとんど投資効果が望めないということである。そして製品のライフサイクルがどこにあるかで投資の判断が可能になる点である。

2つ目は，**経験曲線**（experience curve）の考えを受け入れることである。経験曲線とは，企業経営において経験が蓄積されるに従いコストが下がると言う，昔からよく知られていた経験効果の現象を計量的に測定したものである。この現象が測定されるようになったのは1960年代になってからのことで，BCGは，製造コストばかりでなく，管理，販売，マーケティングなども含んだ総コストにもこの現象が当てはまり，1つの製品の累積生産量が2倍になるにつれ，総コストが一定の，しかも予想可能な率で低減することを実証研究から提示している。それによると，累積生産量が倍増するごとに，総コストは20％から30％ほど下がっていくとみなされる。経験曲線は，横軸に企業における累積生産量をとり，縦軸にその企業の単位当たり総コストをとると，図表7-7のように描ける。

なぜ経験曲線のようにコストが下がるのだろうか。このことに関して一般的に次のような指摘がされる。すなわち，①職務に対する習熟効果，②作業方法の改善による効率アップ，③効率的な製造方法の開発，④標準化推進による無駄の排除，⑤資源ミックスの見直し改善，⑥設計方法の見直し改善といった諸要因が相互に関連し

図表 7-7　経験曲線

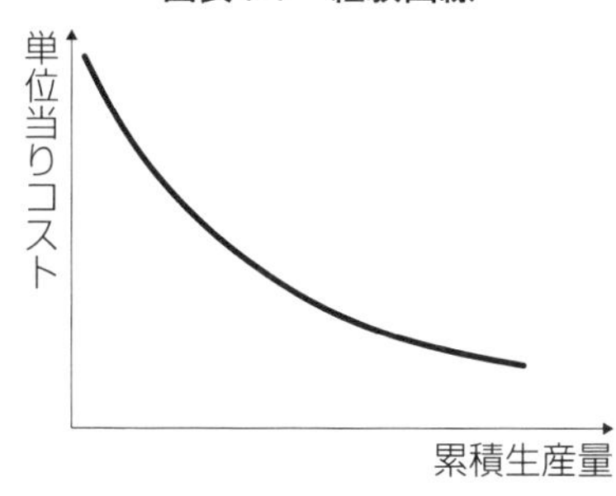

出所：著者作成

あって経験効果がもたらされるのである。

経験効果によって総コストが削減可能だとすれば，企業がコスト削減をして優位性を確保するには，当該事業について競合相手より早く多くの経験を蓄積することが必要である。具体的には，より多くのマーケットシェアを獲得することが優先事項になる。なぜなら，マーケットシェアの拡大は，それだけ売るものを増産することになり，結果的に累積生産量が増しコストが下がるからである。

以上のような製品ライフサイクルと経験曲線の２つの経験仮説から引き出される資源配分のロジックがPPMであり，これは図表7-8のような概念図式によって表わすことができる。すなわち，市場成長率と相対的マーケットシェアの２次元で構成されるマトリックス図式である。ここで市場成長率は，当該製品の属する市場の年間成長率であり，一方，相対的マーケットシェアは，当該製品事業の最大の競争相手に対する相対的シェア（通常対数尺度で表わされる）を意味している。また，マトリックスの各セルにはその性格から独特の名前がつけられているが，それぞれ次のような特徴をもっている。

(1) 花形製品（高シェア，高成長）：資金流入量は多いが，市場成長率が高いためシェア維持を図るのに多くの投資を必要とするので，必ずしも資金源とはならない。しかし，市場成長率が低下すれば

「金のなる木」になるので，将来の資金源となる可能性がある。

(2) 金のなる木（高シェア，低成長）：資金流入量が多く，しかも市場成長率が低いためもはやシェア維持を図るのに多くの投資を必要としないので，資金源となる。

(3) 問題児（低シェア，高成長）：資金流入量が少ないが，市場成長率が高いため，シェアを維持し拡大するために多くの投資を必要とする。もしその投資をしなければすぐにシェアを失い，また現状維持程度の投資としても，市場が成熟期に入って成長が止まると「負け犬」になってしまう。

(4) 負け犬（低シェア，低成長）：資金流入量が少なく，しかも景気変動などの外部要因によって収益性が左右されやすい。また，市場成長率が低いため投資などの資金流出は少く，それ自身を維持することは可能かもしれないが，将来の資金源になる可能性はない。

いかなる製品・事業もこれら４つのいずれかに分類することができ，またそれらは，ライフサイクル仮説による衰退期に入り市場成長率が低下してくると「金のなる木」か「負け犬」のどちらかになってしまう。そこで，事業を多角化した企業は，製品ライフサイクル

図表 7-8　PPM の枠組み

市場成長率 ＼ 相対的マーケットシェア	高	低
高	★ **花形製品** 入＝出	? **問題児** 入＜出
低	$ **金のなる木** 入＞出	× **負け犬** 入＝出

出所：ヘンダーソン（1979）をベースに著者作成

と累積生産量を勘案して，事業ポートフォリオの構築，すなわち，「問題児（種まき）」を「花形製品」に育て，「金のなる木」で回収するサイクルを回せるように，バランスのとれた製品・事業の組合せを図ることが，企業の存続に必要となるのである。

多角化した企業にとって，限られた資金・資源を有効に配分するにはどうすればよいかが将来の成功のカギとなる。そのため，こうしたPPMによる製品・事業の配分の理想型を理解することによって，どのように実践したらよいかがわかるというのは非常に有効なロジックである。

理想的には，「金のなる木」によって生じた資金を「問題児」に投入して，将来の「花形」の育成，あるいは研究開発に投下して直接「花形」を創出することである。したがって，多角化した企業はバランスのとれたポートフォリオ，すなわち，「花形」「金のなる木」「問題児」の事業をバランスよく展開することによって持続的な成長の機会が得られるのである。「負け犬」を撤廃するのは，その事業について上位のマーケットシェアを獲得できないなど，手の打ちようがない場合である。しかし日本企業は，正規従業員を会社の都合で解雇できないという法制度があるため，企業の収益に貢献できない「負け犬」に甘んじても，事業を継続する場合が多い。

ポートフォリオの循環は論理的に可能だが，企業にとって有効な成功の循環と有効でない失敗の循環とにわけて図示してみると図表7-9のようになろう。

図表 7-9　成功と失敗の循環

成功の循環

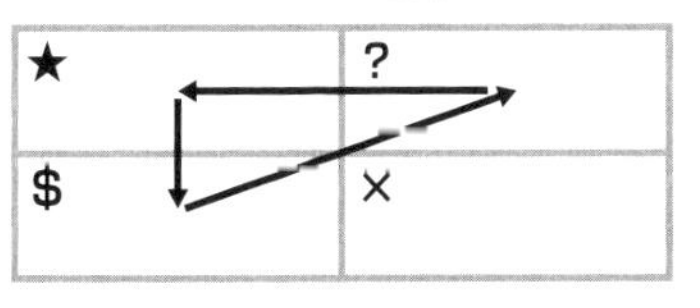

失敗の循環

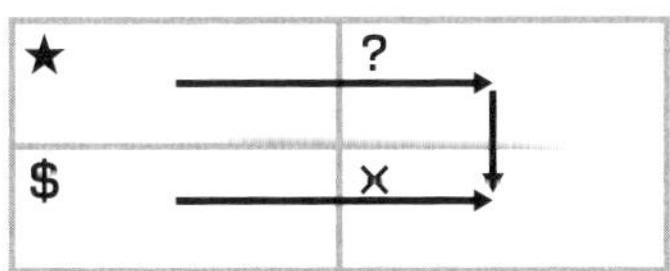

出所：ヘンダーソン（1979，訳書 p.236）

PPM図式は，企業内の資源配分を考える物差しになるばかりでなく，ライバル企業の動向を分析する枠組みとしても有用である。具体的に言えば，①自社と競合相手の製品構成を分析できる，②ライバル企業と対比して時系列的に描くと，相対的な強みや位置づけについて理解でき，将来の競争像を描ける，③負け犬事業を撤退するための根拠を与えてくれるなどである。

とは言え，企業がPPMを活用するには，いくつかの作業が必要である。まず第1に，競争実態を把握し，長期的な趨勢が測定できる単位として製品・事業を識別すること，第2に，個々の事業の戦略的位置づけを明確にすると同時にその評価基準を，収益性，成長性，資金フローの観点から確立すること，第3にPPMを運営するために**戦略的事業単位**（Strategic Business Unit：SBU）の考え方を確立することが必要である。SBUは，計画した事業を実現するため，戦略の策定と実行を行う組織単位であり，目的達成のために組織横断的に人材を活用することが前提となる。

このようなBCGによって生み出されたPPMは，経営資源の配分と戦略策定の面で経営戦略論の発展に大きな影響を与えたが，いくつかの批判もされた。たとえば，①4区分では単純過ぎる，②成長率で産業全体の魅力度を捉えきれない，③マーケットシェアは捉え方が多様であり，これだけで競合ポジションの指標とは言い切れない，④各セルに重複する部分の評価ができない，などである。

そこでPPMモデルを基本としながらもその改良型がいくつか考案された。たとえば，GE社による事業スクリーン方式や製品のライフサイクルに合わせて段階を区切って考えようとするホファーとシェンデルのモデル，マッキンゼー社によるPIMSモデルである。しかし，いずれも新モデルをベースとしたPPM同様な欠点が指摘できるため，BCGのPPMモデルを否定するモデルには至らなかった。

4. 戦略的行動のパターン

経営戦略の策定によって，企業の事業展開の方向性が決定されても，その実行がうまくいくとは限らない。また，多角化戦略を策定しそれに適する事業部制組織を構築したとしても同様である。なぜなら，組織構造という入れ物をつくっても，その動かし方がうまくなければ，折角インプットされたものもバラバラになってしまうからである。そこで，こうした課題に1つの答えの可能性を出したのが，コンティンジェンシー・アプローチによる戦略と組織の関係である。換言すると，策定された戦略と組織構造が適合するのはもちろん，それらが環境変化にも適応する関係が必要なのである。

環境適応の観点から，環境変化に対する戦略の策定とその実行のパターンを明らかにしたのがマイルズ＆スノー（Miles & Snow, 1978）である。彼らによれば，企業行動は，企業の意思決定者による製品・市場の選択問題と，それを実現させる技術の問題，そしてそれらを運用する管理の問題の間に相互のズレが生じないよう適合することが必要である。すなわち，製品・市場領域（事業ドメイン）が技術を規定し，技術が管理方法を規定し，管理方法が新たなドメイン設定に影響するというサイクルを回すことで，相互の適合度をアップできるという発想である（図表7-10）。

さらにマイルズ＆スノーは，環境にそれぞれ適応した経営戦略，組織構造，管理プロセスの三者がお互いに適合した場合に，組織は有効かつ能率的活動が展開できると言う。一般的に，経営戦略と組織構造は所定の業務外の活動を制約し，組織構造と管理プロセスは経営戦略を制約する。したがってこれら三者を適合させることは容易でない。そのために適合のカギを握るのが，環境適応のため採用されている既存の戦略的行動のパターンであり，それを操作できる企業の決定者を構成する**支配連合体**（dominant coalition）である。

図表 7-10　適応サイクル

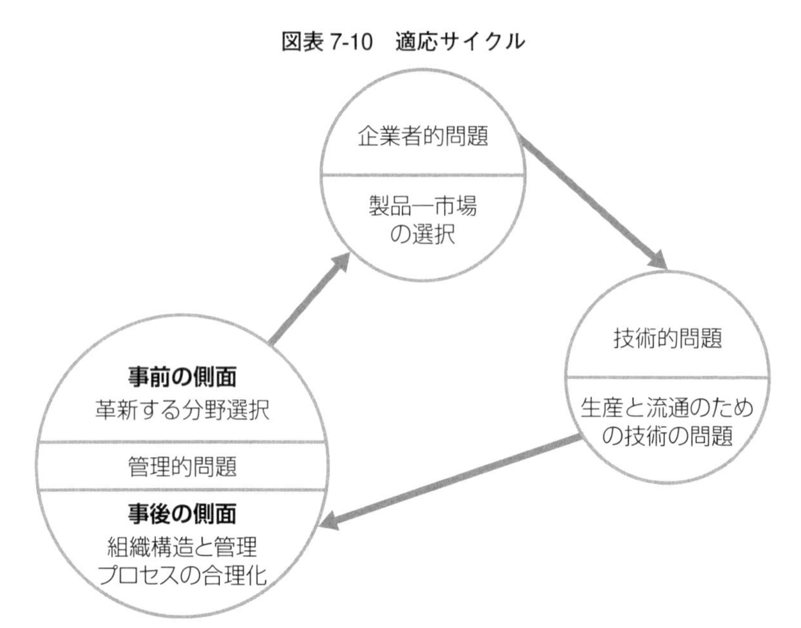

出所：マイルズ＆スノー（1978）p.24

組織の戦略的行動は以下の4つに類型（パターン）化される。すなわち，防衛型（Defenders），探索型（Prospectors），分析型（Analyzers），受身型（Reactors）である。

防衛型は，環境変化に対して，既存の製品・市場領域を軸に専門性を高めるが，新しい機会を求めようとしないパターンである。これに対して探索型は，絶えず市場機会を探索し，いつでも環境変化に対応できる体制を整える行動パターンである。さらに分析型は，安定した事業を保持しながら，可変的な事業領域をもつという異なった内容の事業を同時に営むパターンである。ところが，受身型は，環境の変化に気づいてもすぐに効率的に対応できないパターンであり，企業にとって最も好ましくないパターンである。

これらのパターンは，何もしないと固着化する傾向があるが，環境変化の下では，行動パターンを変えざるを得ない。その際に決断するのは経営陣の権力争いを反映する支配連合体である。つまり，戦略の環境適応と言っても環境は変化するうえ，企業が独自に環境イナクトメントする可能性もあるため，環境適応は受身的でなく能動的に行動できるのである。ただし，マイルズ等の主張からもわかるように，いくつかの戦略的行動パターンがあり，その選択次第で企業業績は異なるのである。以上から，企業の戦略行動は主体的な環境適応と言えるのである。

本章のキーワード

SWOT，経営戦略，企業戦略，創発的戦略，成長ベクトル，シナジー，PPM，製品ライフサイクル，経験曲線，戦略的事業単位，支配連合体，戦略的行動

☑7章の気になるポイント

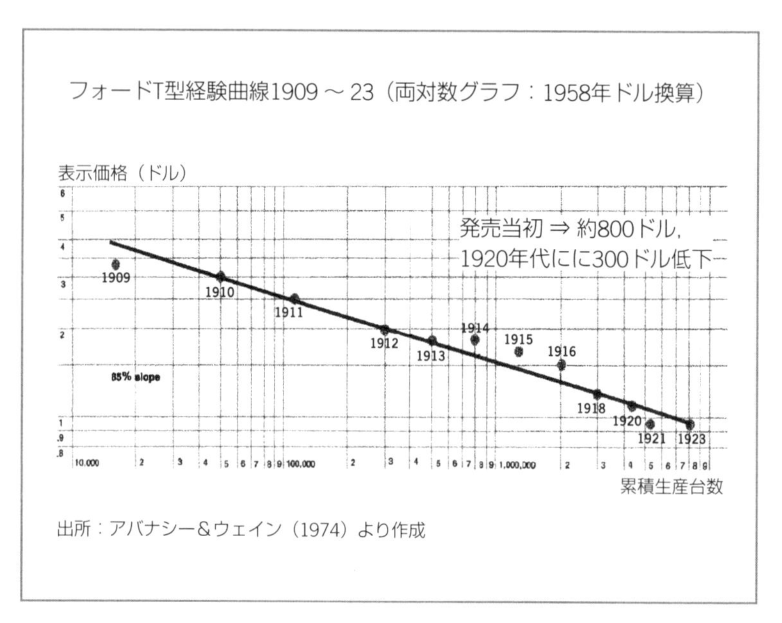

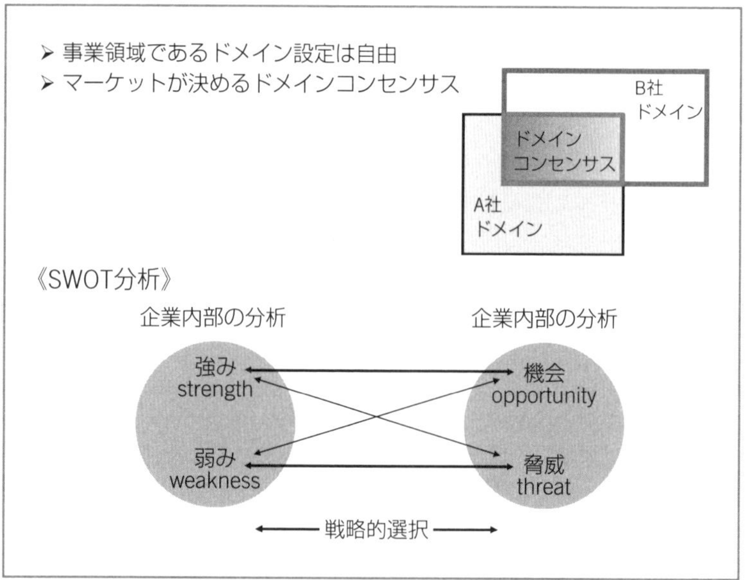

第8章

競争戦略

本章の謎解明

- 競争優位の戦略を策定しても実行できないのはなぜ？
- ポーターの戦略モデルが現在では欠点が多いとされるのはなぜ？
- 資源ベースの競争優位戦略が使えないのはなぜ？
- ケイパビリティが硬直化するのはなぜ？
- ダイナミック・ケイパビリティの考え方が批判されるのはなぜ？

経営戦略は企業経営の方向性を特定する枠組みとして重要であるが，企業が競争激化する市場環境のなかで競争に勝ち抜くための具体的な戦略の展開は，企業運営の資金をめぐる企業戦略や市場シェアをめぐる事業戦略のレベルが軸となっている。そして，市場や製品をめぐる競争戦略におけるキーワードとなるのが競争優位である。本章は，この競争戦略のロジックを理解することが目的である。

1. 経営戦略論の発展と課題の増大

企業経営における戦略的発想の必要性は，バーナード（Barnard, 1938）が目標達成のための重要な概念として**戦略的要因**（他の要因が不変ならばその要因を取り除くか，変化させることによって目標達成ができる要因）を指摘しているように，経営戦略論が盛んになる以前に問題とされていた。しかし，それは戦略という言葉のもつ発想を明らかにする程度の扱いであり，経営戦略ないし企業戦略といった戦略の全体構造を対象にしたものではなかった。

一般的に，今日問題にされている戦略的発想の系譜は，次のような３つの源流にたどり着くことができる。第１の流れは，経営史学者チャンドラー（Chandler, 1962）による『組織は戦略に従う』の出版を契機とするものである。この著作は，GM，シアーズ，デュポンといった米国大企業を例に，成長戦略に適する組織構造のあり方を，経営史的観点から明らかにしているが，特に重要な点は，企業が策定した戦略に適した組織構造によってのみ成果を上げうることを示していることである。

第２の流れは，ロッキード・エレクトロニクスの副社長であったアンソフ（Ansoff, 1965）による『企業戦略論』の内容に基づくものである。彼は，過去からの趨勢に頼る長期計画論に失望し，それに取って代わる未来を見据えた戦略的計画論を展開した。その際，その基礎となる戦略概念に関心を寄せ，それを明らかにしている。

第3の流れは，アンドリュース（Andrews, 1971）を中心としたハーバード・ビジネス・スクール（HBS）において，経営政策論を見直すなかで展開されたSWOT分析を源とするものである。HBSでは伝統的にケース・メソッドによる教育が重視され，経営政策論においても企業の実例をもとに企業の政策意思決定がいろいろと講義されていたが，やがて企業における経営戦略のケース・スタディが中心になってきたのである。

以上のような古典を源流として，戦略論の研究が70年代から80年代に競争戦略を軸に発展し，①現実の戦略を扱うコンティンジェンシー・アプローチによる戦略論やPPM論，②意図せざる戦略が生起する組織プロセスに注目した創発戦略論や戦略インクリメンタリズム論，③戦略と成果の関係に注目した実証研究や産業組織論からの競争戦略論，組織経済学からの競争優位論などに結実していったのである。

本章では，そうした競争戦略に関する見方のなかで代表的な立場をみていくことにする。

2. ポジショニングによる競争戦略

競争戦略に関する議論は，ポーターの『競争の戦略』（Porter, 1980）が出版されて以降盛んになり，今日では経営戦略と言えば，競争戦略がイメージされることが多い。ポーターの本は，ビジネス書としては画期的なロング・ベストセラー書になるとともに，競争戦略の理論的かつ実践的枠組みを明示したことで，戦略研究の発展に多大な影響を与えた。その内容は，きわめてロジカルであり，産業組織論が前提としてきた「構造(S)→行動(C)→成果(P)」という図式が競争戦略を考える際に有用であることを明示したものである。つまり，産業内の競争は，法的規制や産業障壁など多くの要因によって規定されるが，産業内における企業業績の差は，どのようなポジションをとるかに依存していることを理論的に解明している点に特色がある。

図表8-1は，ある産業でライバルに競争上優位に立つためにはどうすべきか，という課題に対して，競争状況における5つの競争要因を分析することによって，どの要因が問題かが明らかにできる分析枠組みである。5つの要因は，産業間で収益構造が違うとは言え，企業収益に影響を与えるもので，対資本コストを考える際に考慮しなければならない項目である。問題となる要因が抽出できればその策を案出できるはずで，想定される競争戦略の類型は3つ挙げられる。すなわち，①**コスト・リーダーシップ戦略**（低コストで優位に立つ戦略），②**差別化戦略**（製品やサービスの独自性を生み出す戦略），③**集中化戦略**（コストないし差別化に絞り込む戦略）である。

このうち実際に多く使われているのは差別化戦略である。なぜなら，コスト・リーダーシップ戦略は，**規模の経済**や**範囲の経済**を実現できるような業界トップレベルの企業しか採用できない戦略であり，集中化戦略は既存事業に通用しないためである。しかし，差別

図表8-1　5つの競争要因

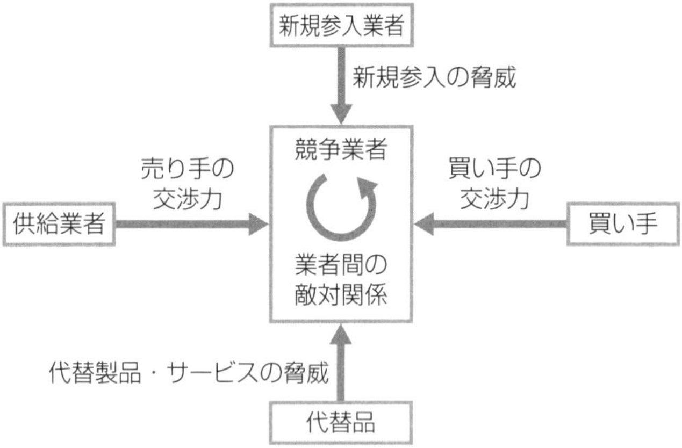

新規参入業者
新規参入の脅威
競争業者
業者間の敵対関係
売り手の交渉力
供給業者
買い手の交渉力
買い手
代替製品・サービスの脅威
代替品

出所：ポーター（1980）p.4

化もどのような差別化か，どの程度の差別化をすべきか，企業にとって実践的にはまだ不明な点が多い。

企業はこれらの戦略によって，新たなライバル参入の脅威，既存のライバル企業間の競争の程度，代替製品による圧力，買い手や供給業者の交渉力といった競争要因に効果的に対処することが求められるのである。

さらにポーター（1985）は，『競争優位の戦略』において，競争戦略の秘訣は産業構造だけでなく，企業活動全般にもあることを明らかにし，競争戦略のロジックを精緻化した。つまり，企業活動の川上から川下まで全般にわたって，価値創造できる可能性があり，ライバルとの競争優位については，**バリューチェーン**分析によるトータルの価値創造によって決まることを明示した。たとえば，生産過程のコスト面で優位であっても，販売過程で劣る場合もあり，インプットからアウトプットまでの企業活動全般の価値創造の総計で競争優位が測れるという筋道の明示化である。

バリューチェーンのロジックが企業実践において広く取り入れられたのは，バリューチェーン分析で自社の強み・弱みはもちろん，ライバル他社の状況も判明できるため，競争優位に立つにはどうすればよいかを考える枠組みになっているからである。

基本的に，戦略研究が企業の環境適応の一環としてなされてきたとは言え，ポーターが競争環境を特定化して競争優位確保のメカニズムを明らかにするまで，企業は一般的な環境（政治，経済，社会，文化環境など）に戦略適応すべきものとして扱われてきたにすぎない。しかも，競争戦略のロジックは論究されてこなかった。そのため，ポーターによる競争優位のロジックの明示によって，初めて戦略論の研究が一段と進歩したと言えるのである。

もちろんポーターの考え方が優れているとは言え，基本的には，アウトサイド・インの発想による競争優位モデルであったため，批判も当然ある。たとえば，5つの競争要因だけでよいのか，といっ

図表 8-2 バリューチェーン

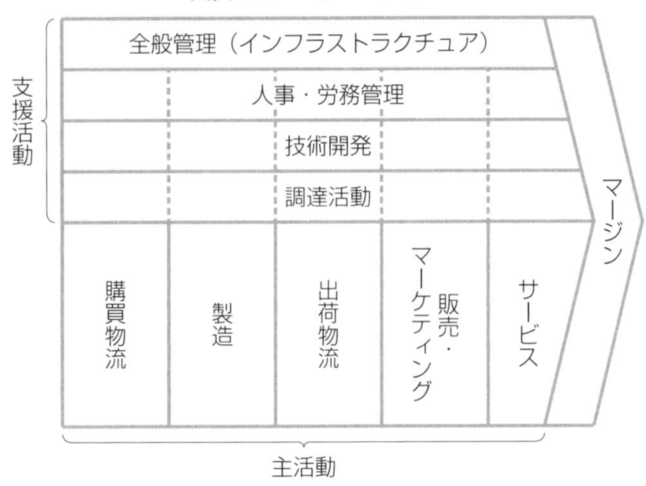

出所：ポーター（1985）p.37

た具合である。そうしたなかで，インサイド・アウトといった発想の転換から生まれたのが資源ベースの戦略ロジックである。

3. 資源ベースによる競争戦略

ポーターの考え方は，優位なポジションさえとることができれば競争優位に立てるという着想によるものであり，換言すれば，競争しないで優位になれる戦略とも言える。競争優位の戦略は，ポーター以降も盛んに論じられるようになり，ハメル＆プラハラード（Hamel & Prahalad, 1994）による将来志向の**戦略的意図**（Strategic intent）と強みの所在を表すコア・コンピタンス論やバーニー（Barney, 1997）による資源ベースの競争戦略論を代表的に，広く喧伝されるようになった。

コア・コンピタンス（core competence）という概念は，トンプソン（Thompson, 1967）が主張した組織において欠くことのできないコア・テクノロジー（core technology）の発想から出てきたものである。ハメルらは，他社より競争優位に立てるコア・コンピタンス（中核能力）をもつことが企業の競争優位の源泉であると主張した。それは，かつてソニーの強さを象徴していた製品を小型化する技術能力などを表す概念であり，一世を風靡した。ところがその後，コア・コンピタンスを有していたソニーなどがその強さを失うという事実から，競争戦略におけるコア・コンピタンスの有効性は次第に説得力を欠くようになってしまった。つまり，アナログ技術がデジタル技術に取って代わられたように，技能やコンピタンスといった組織能力は環境変化により陳腐化してしまうことが明らかになったのである。

こうした，コア・コンピタンスが通用しなくなることについて理論的な裏づけを与えた概念が**コア・リジディティ**（Leonard-Barton, 1992）である。これは，ある時点で有効な中核能力が，環境変化によって有効でなくなることを明らかにしている。確かに，競争に直面するものづくりの側面で，ある時点で効果を得るコンピタンスでも，技術革新によって陳腐化してしまう恐れがある。また**イノベーターのジレンマ**（Christensen, 1997）も実は，コア・リジディティ論と内容的には同じ主張にすぎない。持続的革新でイノベーションを進化させても，破壊的イノベーションが起これば，従来のモデルはもはや通用しなくなるのである。

このような背景の下でバーニー（1997）は，競争優位の源泉が，外部環境である業界構造にあるのではなく，内部環境を構成する経営資源にあるとみなした。そして経営資源には，**異質性**（heterogeneity：企業は生産資源集合体であるが企業によって生産資源は異なる）と**固着性**（immobility：複製コストが非常に高いものやその供給が不自由なものがある）という異なる側面があり，この両側面を活かせることが，**組織能力**そのものであるとした。しかも，このような資源ベースの組織能力次第で企業業績に差が生じることから，持続的競争優位性の確保を説明するロジックとして，資源ベースの考え方（Resource Based View：RBV）が有効とみなされるようになったのである。

バーニーによるRBVの競争戦略は，競争優位の源泉を経営資源の特性に求めている点に特徴があり，経営資源の組み合わせで形成される能力（ケイパビリティ）が競争優位性に影響力を与えるという観点をVRIOの分析枠組みとして提示している。すなわち，持続的競争優位の確立は，経営資源の特質を活かせる①経済価値（Value），②希少性（Rareness），③模倣困難性（Imperfect imitability），④組織（Organization）の観点から分析可能であるという枠組みである。たとえば，VRIOすべての点を充足している場合と2つしか充足していない場合を比べれば，前者の方が競争優位の状況にあると言えるのである。

図表 8-3　RBVの枠組み

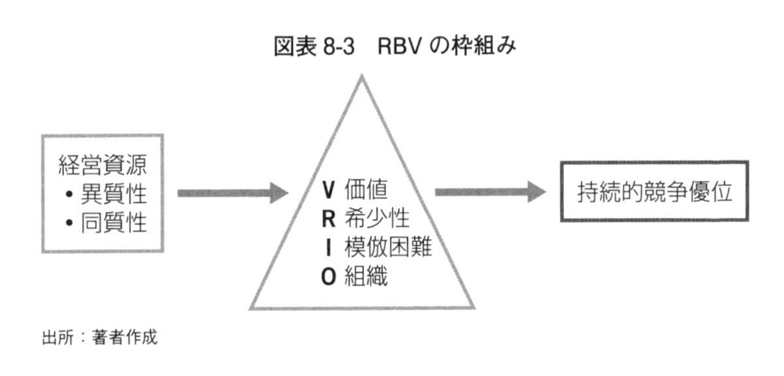

出所：著者作成

図表 8-4　VRIO分析

資源あるいは能力					
経済価値	希少性	模倣困難性	組織で開発	競争内容	経済成果
なし	—	—	否	競争劣位	標準以下
あり	なし	—	↑	競争希少	標準
あり	あり	なし	↓	一時競争優位	標準以上
あり	ある	あり	可	持続的競争優位	標準以上

出所：著者作成

またバーニーは，①資源獲得が歴史的な偶然などに依存している場合，②資源が日常的なもので競争優位との因果関係が特定できない場合，③資源が独自の制度や他の資源と複雑に結びついて競争優位を生み出している場合，④技術が特許によって保護されている場合に模倣困難性が生じることを指摘して，他社が容易に模倣できないために競争優位を持続的に確保できることを説明している。

4. 多様な競争戦略

デイヴェニ（D'Aveny, 1994）によると，多くの企業が直面している「超競争（hyper competition)」環境においては，従来の適応方法が通用しないため，新たな戦略的適応方法が問われる。超競争環境というのは，企業にとって，より変化が激しく受身的対応では通用しない環境を意味している。そうした環境下では変化が激しく，①コスト／品質，②タイミング／ノウハウ，③参入障壁，④資金源などの面で競争優位性を持続することは容易でない。そのため，超競争環境の対策として提唱されるのは，エクセレントカンパニー論で提唱された7Sモデルにちなんで，次のような項目である。

・ステイクホルダーの満足（Stakeholder Satisfaction）
・戦略的な予言（Strategic Soothsaying）
・スピード感（positioning for Speed）
・驚かせ感（positioning for Surprise）
・競争ルールの変更（Shifting the rule of competition）
・戦略意図の示唆（Signaling strategic intent）
・戦略の同時継続（Simultaneous and Sequential strategic thrust）

こうした戦略的適応をめぐる研究の発展は，海外進出した企業がその経営資源をどのように活用するかといった観点からも押し進められた。その初期の重要な研究としては，既述のストップフォード&ウェルズの研究の他，バートレット & ゴシャール（Bartlett & Ghoshal, 1989）らによる企業の国際化戦略が挙げられる。

バートレット&ゴシャールは，企業のグローバル戦略の展開に応じて，組織形態がマルティナショナル型→グローバル型→インターナショナル型→トランスナショナル型に変化することの必要性を主張した。そして，**トランスナショナル型**（分散統合）組織は，マルティナショナル（分散）型，グローバル（中央集権）型，インターナショナル（能力の中核を中央に集約し他は分散）型を同時に展開するモデルで，国境を超えて柔軟に対応できる組織形態である。

また，1980年代以降の組織文化論の発展に応じて，戦略と組織の関係は組織文化を介して成り立つことが議論され，組織文化が戦略の策定と実行にどのように関係するかも問われるようになった。その結果，1990年代にはCI戦略（企業が組織文化の独自性を打ち出すため，ロゴマークの変更などによってそのイメージを内外にアピールして浸透させる戦略）が流行し，当時わが国ではNECによるC&C，東芝のE&Eが広く知れ渡り，米国でも，ヒューレットパッカードのHP= MC^2，などが大いに注目された。

さらに21世紀に入ると，グループ経営の方式が広まり，親会社の組織アイデンティティを関連子会社に浸透させ全社一体化するための戦略が問われるようになるなど，戦略論の領域は広がる一方である。しかし，それらがどのような戦略のもとで有効で，どのようなロジックで説明がつくかはまだ不明な点が多い。戦略の問題は，その登場当初とは異なった要因を取り込みながら，新たな展開をみせ始め，止まることがないのである。

近年注目されたテーマを振り返ると，熾烈な競争環境であるレッドオーシャンでなく競争がない環境（ブルーオーシャン）で事業を展開すべきであるという**ブルーオーシャン戦略**（Kim & Mauborgne, 2005）という概念が確かに広まったが，その本質は，競合相手を寄せつけないということであり，ポーターによる戦略論の軸である産業障壁を事業障壁と読み替え，それを徹底的に死守することが競争優位のエッセンスと言っているにすぎない。

このように，戦略領域では，単にラベルの張替えで新規性を訴え，一時的に流行することが時たまあるが，これは戦略領域の話に限ったことではない。われわれは常に，本物の発想と単なる似非発想を識別するよう心がける必要があろう。

5. 戦略的提携による競争戦略

ネットワーク技術の進展によって，供給元の選択から顧客先の拡大など，従来の固定的なネットワークを前提とした時代環境とは異なるダイナミックなビジネス環境になった。こうしたなかで，自社開発よりコスト面で有利である，と考えられるため広く採用されはじめたのが戦略的提携である。具体的には，業務提携，資本提携，OEM（Original Equipment Manufacturing：他社ブランドの製造），EMS（Electronics Manufacturing Service：電子機器の受託生産）など多様な形態があり，確かにコスト削減の面でメリットが実現できるかもしれないが，それに応じてリスクは避けられない。

戦略的提携でリスクとして挙げられるのは，提携先の裏切り行為である。これは，経済的合理性の観点からみれば当然である。なぜなら，自己利益を最大化するのが経済的合理性のロジックだからである。その具体例は，情報偏在をベースとする考え方から抽出された，逆選択（adverse selection），モラルハザード（moral hazard），ホールドアップ（hold up）の3パターンである。

逆選択は，中古車の売り手と買い手の売買契約において生起するケースにみられる。買い手は中古車市場において良い中古車を取引したいという意図をもつが，売り手は買い手と比べて圧倒的に当該中古車の過去情報をもっているがゆえ，その情報格差を生かして最も儲かる中古車を売ろうとする。そうした状況で買い手は，限られた情報とは言え自分にとって最も価値があると思う車を買おうとする。それが中古車ディーラーにないと，他のディーラーを探すが，状況は同じ繰り返しになる。その結果，中古車市場には買い手のない悪い車のみが残り，価値ある良い車の選択ができるはずが逆に悪い車の選択をせざるを得なくなる。こうした情報偏在がもたらす現象が逆選択と称される。

モラルハザードは，保険会社と被保険者の保険契約において情報の偏在から起こる現象である。すなわち，本来なら最も事故を起こしやすい客を拒否したいところだが，保険会社は被保険者の情報を欠くことによって，被保険者全体の平均から保険料を算定せざるを得ない。結果，事故を起こしやすい人は保険に入ることによる安心感から油断し，相対的に事故を平均より起こすことになり，保険会社は想定以上に保険の支払いを余儀なくされ，多額の損失を被る場合もある。

ホールドアップは，大手有名企業と取引契約を成立させた会社は，将来を安心して大手企業の希望に沿う設備投資行動を行うが，大手企業が環境変化に対応した行動修正をすれば，それに即することができず，お手上げになる現象である。

戦略のロジックからすれば，経済合理的に行動する企業は，客観的な事実を分析できればより最適な戦略決定ができるはずである。それゆえ，アンソフ・モデルやポーター・モデルは，事実ベースの戦略論として理解できる。しかし，組織能力といった十分に客観的な測定ができない部分を組み込んだ資源ベースのモデルの場合，すべてを事実ベースで理解することは容易でない。物的能力ならともかく，模倣困難性といった側面が検討要因になると，不確実性を含むため客観的な測定は難しい。従来の戦略モデルとして提示されてきたものを比較すると，一方で客観的なロジック，もう一方で解釈的ロジックがあることが判明する。

ロジックは，1つの道筋であり，それによって今後の見通しをつけられればつけられるほど，有効なものと言える。しかし，ロジックと言っても過去の解釈に有効だが，未来の見通しはつかないものがあるのも事実である。つまり，未来志向のロジックか，過去志向のロジックかということである。

6. ダイナミック・ケイパビリティ(動的能力)による競争戦略

環境が変化するなかで企業の戦略的行動は，さまざまな活動や組織ルーティンを形成する組織能力（ケイパビリティ）に影響される。換言すれば，企業の競争優位は，経営資源の活用方法にかかわる組織能力で決定されるため，環境変化が激しい場合，それに応じて求められる組織能力も異なると想定される。ダイナミック・ケイパビリティ（Dynamic Capability：動的能力ないしDCと記す）は，そうした状況を想定して生み出されたティース等（Teece, et al. 1997）の概念である。

組織能力は，機能面から，業務能力（Operational Capability：OC）と動的能力（DC）に大きく分けることができる。OCは，現時点の定常的な目的遂行活動を実現できる能力であるが，DCは，環境変化に即応する能力を主張するもので，組織が資源ベースを意図的に創造・拡大・修正する能力を意味する。したがってDCは，企業組織にとって，変化の必要性と機会を識別し，これらに対する反応と行動の実行にかかわるものと言える。

企業経営において組織能力は，豊富にあればあるほど競争上有利になるが，環境が変化してそれが通用しなくなることもある。ある状況に適合すればするほど，その能力は他に転用ができなくなるからである。つまり，組織能力の陳腐化ないし硬直化現象（コア・リジディティ）である。

特定の能力が通用しなくなるのを避けるために求められるのがDCである。これは，環境変化に絶えず適応できる能力として2つの機能を果たすと想定される。すなわち，①探索と選択の機能，②展開の機能である。このうち，資源をどのように組み合わせるのかという展開の側面ばかりに目が行きがちだが，資源の探索と選択という側面がきわめて重要である。なぜなら，資源そのものがケイパビリティの要因となるからである。DCは当初，「急激に変化する環境に対処するために，組織の利用できる内外の資源を統合，構築，再構成する能力」（Teece et al., 1997, p.516）と定義づけされた。そして組織能力は，既存の組織ルーティン，組織構造，プロセスに埋め込まれたものであり，特に，組織ルーティンに組織文化や経営者の意識が反映されることから，組織ルーティンとの関係性が強調された。そのため，経営者にとって環境変化に応じる組織能力を育成し・磨くことが優先課題であり必須であることが主張されたのである。

その後ティース（2007）は，DCの捉え方を次のように精緻化した。すなわち，グローバル市場において，変化に対するタイムリーな反応と柔軟な製品イノベーションができる企業であるためには，組織内外に張り巡らされた組織能力を効果的に調整し配分できる経営者が必要であるとともに，DCは経営のために再構築できる独自のスキル，プロセス，決定ルールなどであると見直したのである。

新たなDC観には，新製品開発，他組織との提携，調整と組織学習を促進するような一般的な行為を含んでいる。こうした見方と比べれば，旧来のコア・コンピタンスないし業務能力（OC）の捉え方は，事業レベルのプロセスが対象で事業の活動システムに焦点を合わせたものにすぎないと言える。たとえば，低コスト運営で有名なサウスウエスト航空の競争優位性は，資源（機材，ルート，従業員など）から創出されたのではなく，短い駐機時間，従業員の高い生産性，低い運営コストの実現といった事業活動の諸要素の巧妙な組み合わせから出てきたものであり，旧来の能力観の範疇に入る。

つまりDCは，環境変化に適応するよう，企業がもつ経営資源の活用方法をたえず見直せる能力である。組織能力の性質から区分すれば，ものづくりやマーケティングといった業務を円滑にする業務能力に対して，DCはそうした通常の能力とは異なり，既存の能力の使い方を改善し新規なものに転換できる力，とも言える。たとえば，富士フィルムは，既存のフィルム技術能力を見直してアンチエイジング化粧品の製品化に成功している。ティース（2007）は，こうしたDCを発揮するプロセスを，①感知する（sensing），②補足する（seizing），③転換する（transforming）の3つにまとめ，その実践性も示唆している。

図表 8-5　DC サイクル

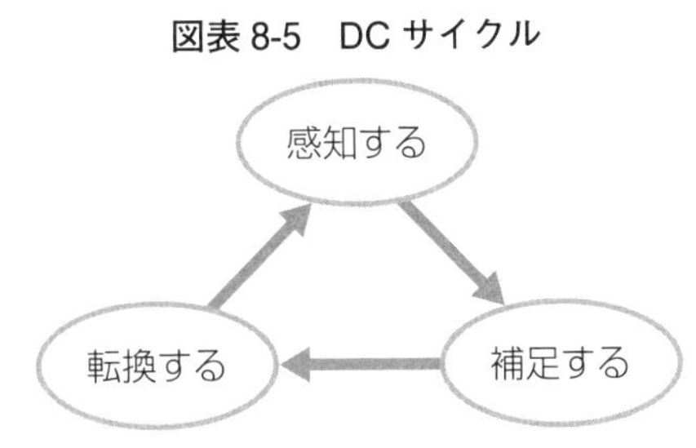

出所：ティース（2007）をベースに著者作成

ただし，組織にはDCの他にOCもあるわけで，その一部がDC的特徴をもつこともあり，DCの独自性を特定することが難しい。DCがどれほどダイナミックなのか，客観的に測定できるのかなど，明らかにすべき問題はまだ多いと言えよう。

本章のキーワード

戦略的要因，バリューチェーン，コア・コンピタンス，
コア・リジディティ，組織能力，VRIO，
ブルーオーシャン戦略，EMS，逆選択，モラルハザード，
ホールドアップ，ダイナミック・ケイパビリティ

☑8章の気になるポイント

SCPモデル（産業組織論）

★ 業界の競争状態を評価し政策に適用

業界構造 → 企業行動 → パフォーマンス

業界構造（Structure）	企業行動（Conduct）	パフォーマンス（Performance）
・競合企業の数	・需要変動への適応	・企業レベルの成果
・製品差別化の度合い	・製品差別化	・標準，標準以下・以上
・参入コスト	・談合	・社会レベルの成果
・退出コスト	・市場パワーの活用	生産と配分の効率，雇用，進歩

競争優位の確保

✓ 競争構造の分析 ⇒ 5つの競争要因（障壁の確保）

✓ 企業活動の分析 ⇒ 価値連鎖（価値の創造）

→ 競争優位なポジション

競争優位性の2つのアプローチ

競争優位性の確保

- 市場のポジショニング（ポーター戦略論：アウトサイド・イン）1980年代～
- 独自能力・資源（バーニーのRBV：インサイド・アウト）1990年代～

RBV（資源ベース論）の前提

✓ 経営資源の**異質性**

→ 企業は生産資源集合体であり，それぞれ資源は異なる

✓ 経営資源の**固着性**

→ 複製コストが非常に大きかったり，
その供給（取引）が不自由な経営資源がある

第9章
経営組織の解明

本章の謎解明

- 経営組織の研究が発展したのはなぜ？
- 組織を考えるときに環境も考えるのはなぜ？
- 組織論が多様化しているのはなぜ？
- 組織の環境適応が難しいのはなぜ？
- 組織化の発想が登場したのはなぜ？

1. 経営組織に関する研究の発展

組織研究の歴史はそれほど古くない。しかし，人の協働で起こる組織現象は，古代エジプトのピラミッド建設を初め，世界中の巨大遺跡をみれば想像できるように古くからあり，その歴史は長い。そして，産業革命後の社会の発展において，経営組織の現象がさまざまに生起し，今日に至っている。いずれにせよ確かに言えることは，組織の存在が過去，現在，そして未来にわたって続くということである。ここでは，経営組織の現象について解明されてきたことを確認しておきたい。

(1) 官僚制組織論

企業，病院，学校，政府，軍隊といった組織が存在しなければ，われわれの生活は成り立たない。18 世紀の産業革命以降，社会の近代化が進むにつれ，上記のような組織が社会的に制度化され数多く存在するようになった。そして，そのあり方が問われるようになるなかで，ウェーバー（Max Weber：1864-1920）は組織の理想的なあり方として官僚制組織を描いた。

ウェーバーは，人間社会が秩序を保つ支配形態として，**伝統的支配**，**カリスマ的支配**，**合法的支配**の 3 つの理念型を指摘した。伝統的支配は，社会の秩序を保つ古くからのしきたりや宗教的信念，権威を人々が受け入れる形態である。カリスマ的支配は，預言者・英雄などにみられる超人的な特質をもつ指導者に従う形態である。合法的支配は，法律によって制定された社会様式に従う形態である。そしてウェーバーによれば，近代化が生み出した支配形態こそ合法的支配であり，その実像が官僚制組織においてみられる。

官僚制は，法が制定した客観的な規則や権限の体系から構成されるもので，**形式合理性**を備えた組織形態をとる。その組織的特徴は，①明確な規則，②権限の階層性，③業務の専門性，④文書主義である。したがって官僚制組織は，機械が作動するように正確無比に事を運ぶ合理的な仕組みであり，行動の結果予測が可能な形態と言える。

しかし，官僚制組織は効率性の観点で評判がよくない。特にその代表と言われる役所組織は，よく**意図せざる結果**が起こり，効率的な組織だとはほとんどの人が思わない。その理由についてマートン（Robert K. Merton：1910-2003）は，官僚制の逆機能現象に着目して説明している。すなわち，官僚制組織だからこそ生じる，**手段の目的化**，前例主義，セクショナリズムなどによって，意図通りに仕事が行われない点である。たとえば，市役所の目的は，市民のための行政サービスの提供であり，役所職員はその目的達成の手段として割り当てられた業務に励むことが職務となっている。ところが，出世を目指す職員にとって，手段であるべき業務遂行が上司から高い評価を得るための目的となる，すなわち手段の目的化が起こると，本来意図された効率的な目的達成ができない。まさに，最も無駄のない機能的なはずの官僚制組織が逆機能現象を起こしてしまうのである。

(2) 合理性の追求：科学的管理法とフォードシステムの組織

20世紀の端境期，アメリカはフランスとは若干異なる状況にあった。それは，経済が拡大するなかで企業間の競争が激しさを増し，組織にとって増大する未熟練な移民労働者をいかに処遇するかという問題状況であり，そこで注目されたのが，賃金をめぐる問題であった。当時は，経営側の都合で賃金決定・改訂が行われることが多く，そこで顕著な問題となったのは労働者による**組織的怠業**であった。そうした背景の下，合理的な管理方式がいろいろ生まれては消えていったが，テイラー（Frederic Taylor：1856-1915）による**科学的管理法**（Scientific Management），フォード（Henry Ford：

1863-1947）による**ライン生産方式**（Line Production System）は，20世紀の社会を方向づけた代表的なものとなった。

科学的管理法は，勤勉な労働者を対象にした**動作研究・時間研究**によって収集した客観的なデータをベースに，工場の作業能率を増加させる仕組みである。当時，賃金決定をめぐる労使の対立が激しく，組織的怠業による作業の能率低下が経営者の重大な関心事であった。そうしたなかでテイラーは，作業能率を増加させるばかりでなく，労使協調を可能とする**高賃金・低労務費**も実現できる体系を明示し，それを**課業管理**[1]（Task Management）と命名して実践したのである。

課業管理は，時間研究・動作研究などの科学的な分析によって，公正な1日の標準的課業（タスク）を設定し，それを指図表によって各作業者に指示し，専門化された作業管理者（職長）がその遂行を指導し，課業を達成したか否かによって報酬に差をつけるもので，テイラー・システムともよばれる。

またフォードは，当時非常に高価で，金持ちしか入手できなかった自動車の便利さ，楽しさを一般の人にも共有できるようにするには，安い車づくりをする必要性を感じていた。当時の車づくりは，金持ちの希望に合わせた特注生産で，完成車はすべてが世界で1台という代物であった。そこでフォードは，肉の解体作業からヒントを得て，**流れ作業**，**部品の共有**といった考えを軸にライン生産方式を考え出し，車の大量生産を**フォードシステム**として実現したのである。

ただし当初，厳しい流れ作業労働に定着する者は少なく，常に労

1：東部鉄道運賃値上げをめぐる訴訟において，荷主側の弁護人ブランダイスが値上げせずに済む方法として課業管理の存在を知るも，科学的管理という用語の方が説得力があるとして用いてから，これが広く使われるようになった。課業管理を主張したテイラーもやがてそれを受け入れ，課業管理でなく科学管理を使うようになった。

働者不足に悩む状況であった。そこでフォードが打った手は，当時の常識を覆す賃金の倍増（1914年：日給2ドル50セントから5ドルへ）であった。これを契機に，フォードには大量の就職希望者が殺到し，結果的に有能な労働者の選別と定着率のアップによる**習熟効果**によって，予想以上にコストダウンすることができたのである。

フォードの発想は，労働者に高賃金，消費者に低価格をもたらすことによって，結果的に会社も利益を上げることができるという，当時は誰にも想定できないものだった。しかし，**高賃金・低価格**という本来なら両立があり得ないことを社会的に実現したことから，フォードシステムの本質は**奉仕主義**だ，という解釈もされるようになった。

以上から，科学的管理法やフォードシステムの考え方を定式化すると図表9-1のようになる。これらの考え方から，組織の合理性は条件次第であることが解明されたのである。

図表9-1　科学的管理法の定式化

作業条件 → 能率

出所：著者作成

(3) 人間性の追求：ホーソン実験によって注目された組織

作業条件をよくすれば能率がアップする，という合理的なロジックが浸透していくなかで，エジソン（Thomas Edison：1847-1931）が創業したゼネラル・エレクトリック（GE）社は，新製品として開発した電球の売上アップを図ろうとしていた。そこで，電球で作業環境が明るくなればなるほど能率が高まることが証明されれば，売上をアップできるはずだという考えから，ハーバード大学の研究者に資金提供して明るさの効用についての研究依頼を行った。そして始まったのが，シカゴ郊外所在のウェスターン・エレクトリック社ホーソン工場で始められた照明実験である。それを契機に，後にホーソン実験として有名となる一連の研究が進められ，多大な影響を与える新たな知見を得ることができたのである。

研究者たちは当初，照明を明るくすれば能率が高まる，という仮説は容易に実証されると想定し，実験研究を始めた。そして，照明を明るくすると能率が上がる，というデータを集め順調に研究が進んだが，能率が下がるはずと想定して始めた照明を暗くする実験では，予想外に能率がさらにアップしたのである。この事実に直面して，研究者たちはその理由解明に関心を寄せ，研究内容の方向転換を余儀なくされた。そして，新たにメイヨーやレスリスバーガーといった一流の研究者にも研究への参画を要請し，それが後に人間関係論として発展していったのである。人間関係論は，長期にわたる次のようなホーソン実験の賜物と言える。

(1) 照明実験（1924～27年：照明と作業能率の関係）
(2) 継電器組立実験（1927～32年：6人の女子労働者を対象に物的条件と作業能率の関係）
(3) 面接調査（1928～30年：21126人の不平不満を分析→**ホーソン効果**の存在）
(4) バンク配線作業観察（1931～32年：配線，ハンダづけ，検査の作業に配置された14人の男子作業員が観察対象→**非公式組織**の重要性が判明）

面接調査を通じて明らかになったのは，人間は期待され，注目されると頑張ってしまうということであり，これを研究者等はホーソン効果と名づけた。そして，バンク配線の観察では，会社が設定した公式のグループ分け（公式組織）とは異なる非公式なグループ（非公式組織）が，係の業績に大きな影響を与えることが判明した。したがって，一連のホーソン実験は，新しいコンセプトの確認という点で理論的な貢献があったばかりでなく，実践的な貢献もある。すなわち，人を管理する場合，機械扱いでなく感情のある人間として扱うべきで，ホーソン効果を活かすとともに，非公式組織の存在の重要性を認識することである。組織の能率を高めるには，科学的管理法やフォードシステムが示した，作業条件→能率という定式では不十分であり，そこに人間関係によって生み出される**モラール**（士気）が影響するのである。以上を図式化すると図表9-2のとおりである。

図表9-2　人間関係論の定式化

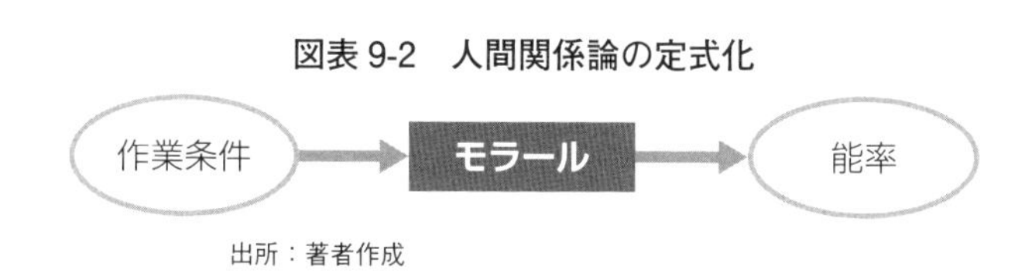

出所：著者作成

(4) 近代組織論：合理性と人間性の統合

組織の見方が合理性の追求から人間性の追求にシフトしてきたのは，以上のような歴史的背景があったからである。とは言え，研究者の学問背景やその研究志向などによっていろいろな組織観が形成されるのは致し方ない。たとえば，組織を目的達成の手段としてみる見方，また組織をプロセスとしてみる見方などである。そのため，経営学の立場から組織を捉えるとしても，人それぞれである。そうしたなかで，合理性の追求と人間性の追求を統合しようとする発想がバーナード（Barnard, 1938）によって試みられた。

バーナードは，一般的に組織とみなされる企業，学校，教会，軍隊といった協働システムに共通した側面を抽出して，それを公式組織と特定し，「二人以上の人々の意識的に調整された活動や諸力のシステム」（p.73，訳書76ページ）だと定義づけている。そして，組織が成り立つには，①コミュニケーション，②貢献意欲，③共通目的という3つの特徴を兼ね備えることが必要だと主張している。

組織は2人以上の人々が集まって成立するシステムであるから，これを存続させるにはメンバー間で相互に意思や情報の伝達（コミュニケーション）をする必要がある。もし，組織メンバー間のコミュニケーションが欠ければ，共通目的達成のための協働意欲をもつメンバーがいくらいようとも，それらが空回りして組織全体としての活動にはならない可能性がある。組織はメンバー間のコミュニケーションを通じて初めて，効率的な組織活動の可能性が高まるのである。

貢献意欲とは，組織のために協働しようとするやる気のことである。組織目的の達成行動は，メンバーがそのエネルギーを組織に投入した結果として出てくるものであり，貢献意欲がそのエネルギー量の決め手になる。たとえば，気心があった仲間で飲食ビジネスを展開する場合，皆がやる気を出して，しかも助け合って飲食ビジネスに精を出さなければ，その事業は成り立たない。また飲食ビジネスの内容が共通目的となっていないと，組織メンバーがいくらやる気を出しても，その方向がバラバラになってしまう。そうなると，組織としての行動にならない。飲食ビジネスの組織が成立するために，組織全体の共通目的が必要なことは明らかである。ただし，時間が経つに従い，組織の共通目的とメンバーの個人目的との乖離が進むことがあり，その場合は，組織にとって脅威になる。共通目的の理解がいつまでもメンバーの目的と一致しているとは限らないので，組織が発展するに従い，組織目的の調整・変更も当然考えられる。

では，組織が存続目的を達成するために，どのようにしたらメンバーの貢献意欲を継続的に確保し，高めることができるのであろうか。メンバーが組織に参加して組織目的を理解し，貢献意欲を持続するのは，組織から与えられる誘因（incentives）の方が組織に対して提供する貢献（contributions）より大きいと主観的に判断できる場合である。そのため組織は，メンバーの貢献を引き出すために積極的に誘因を提供することが優先事項として求められる。つまり，組織を維持・存続させるには，**誘因≧貢献**の図式に則ることが必要である。そしてさらに，組織が存続するためには，組織の**有効性**（effectiveness）と**能率**（efficiency）の確保も必要である。バーナードによれば，組織の有効性は対外的均衡に関するもので，具体的には組織目的の達成度である。一方，組織の能率は，対内的均衡を表すもので，組織メンバーの満足度を意味する。

こうした組織の本質に根ざした議論がサイモン（Simon, 1997）に引き継がれ，第6章でみたように**限定された合理性**（bounded rationality）に基づく意思決定やオーソリティ受容説をベースとする組織の影響メカニズムなどに集約されている。

(5) システム論的組織論

バーナードによって把握される組織観は公式組織，しかも単位組織である。しかし，現実の組織現象は，このような単位組織が複雑に絡み合って形成される複合組織において起こる。そのため，今日の組織現象を解明するには，複合組織それ自体をどう捉えるかが重要であり，その捉え方いかんによっては，組織の問題に対するアプローチの仕方が異なってくる。複合組織である組織（今後，本章では断りがない限り組織と言えば複合組織を指す）をどのように把握すべきなのだろうか。

組織論の発展を振り返ってみると，これまでに，組織に対する見方がいろいろと提案されているが，なかでも有力なのは組織をオープン・システムとみなす見方である。これは，システムズ・アプローチによって組織現象の探求が可能であることを意味するもので，組織研究者として最も早くシステムズ・アプローチを利用した1人がバーナードである。そして，それ以降，組織を意思決定プロセスの複合システムとみなしたサイモンをはじめとして，多くの研究者がシステムズ・アプローチを採用し，その有用性を主張している。

組織のシステムズ・アプローチとは，組織を２つ以上の相互依存的な部分や構成要素，あるいはサブシステムからなるシステムであるとして，その外部環境とのかかわりも考慮したオープン・システムとしてみなすアプローチである。オープン・システムとしての組織は常にその環境からのプレッシャーを受ける状態にあり，組織が存続するためには，うまく機能するような体系だった仕組みが必要とされる。

図表 9-3　オープン・システムとしての組織

経営資源

変換
プロセス

成果

フィードバック

環境

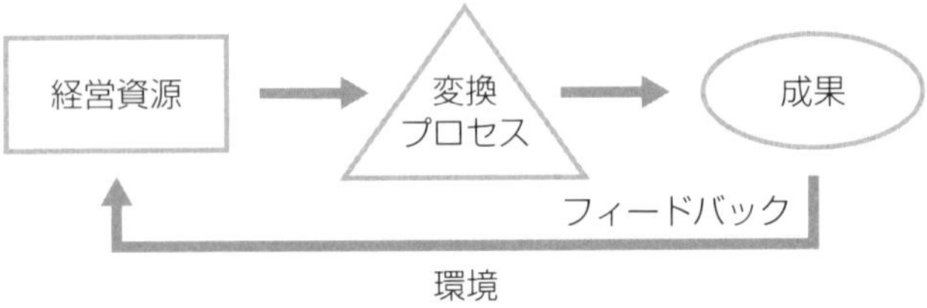

出所：著者作成

たとえば企業組織の場合，経営資源（ヒト，モノ，カネ，情報）を環境からインプットし，そしてこれを変換して，成果として製品やサービスというアウトプットを生み出している。しかも，アウトプットしたものが環境においてどう評価され受け入れられるかということがフィードバックされ，それによって次の段階のインプットが影響される仕組みになっている。

システムが存続するためには，こうした一連の流れが連続して起こるようなメカニズムが必要と言える。なぜなら，システム全体のプロセスばかりでなく，経営資源（インプット），変換（プロセス），成果（アウトプット）のそれぞれの段階においてシステムとしての連続的な流れが可能となるメカニズムが欠けていると，システムの存続が不可能になるからである。組織を全体として，ただのシステムとみなすだけでは，このメカニズムを理解することはできない。それでは，どうすればよいのだろうか。

それには，組織をいくつかのサブシステムから構成されているオープン・システムとみなす見方が有用である。カスト&ローゼンツバイク（Kast & Rosenzweig, 1978）は，組織をオープンな社会・技術システムとして捉え，しかもそれが，いくつかのサブシステムから構成されるものとみなした。社会・技術システムとはこの場合，インプット，変換，アウトプットそれぞれのプロセスに影響を及ぼす技術システムと，技術の活用の効率を決定する社会システムとが相互に補完しあっているシステムを意味している。また組織内部の主要なサブシステムを構成するのは，目標・価値システム，技術シ

図表 9-4　組織システム

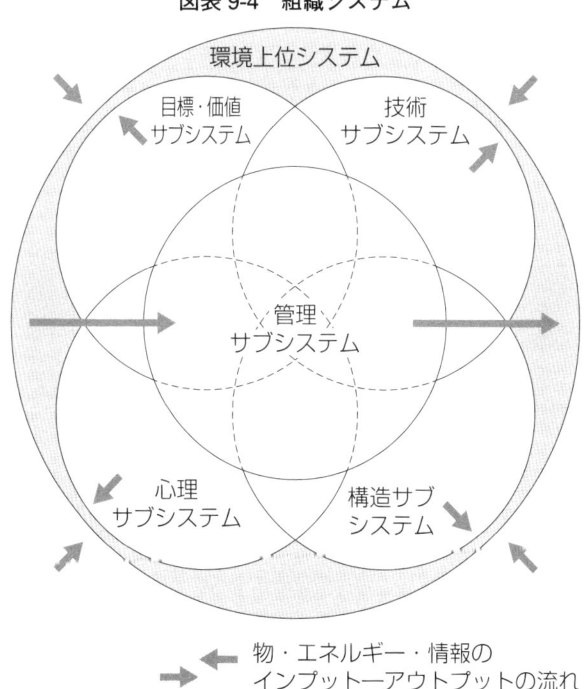

出所：カスト&ローゼンツバイク（1979）p.109 より作成

ステム，構造システム，心理システム，管理システムであり，それぞれが相互に関連しあって組織全体のシステムを形成していると言うのである。この見方が提案されてから40年ほど経過するが，今でも陳腐化していないというのは，組織のシステム観として本質をついているからである。

以上取り上げた見方は，組織論（管理論）の発展を理解するのにも有用である。と言うのは，伝統的な理論は，構造システム，管理システムに注目し，その原理・原則の開発に関心をもってきたと言える一方，人間関係論やその系譜に属する研究は，主に心理システムに焦点を合わせ，モティベーション，グループダイナミクスなどの解明に関心を払うようになったと言えるからである。さらに意思決定やコントロール・プロセスの定量化を図る研究では，技術システムが主たるその対象となってきたからである。

経営組織に関するかつての説明は，組織の特定のサブシステムを強調し，他のサブシステムはほとんど考慮に入れなかったと言える。しかし，組織をオープンな社会・技術システムとみなす現代のアプローチは，これら各サブシステムとその相互作用をすべて考慮し，今までの各理論の統合を図ろうとしているのである。

2. 組織の環境適応論

経営組織の合理性追求は，組織論の発展において主要な課題とされてきた。それは，組織をクローズド・システムとみなした場合も，オープン・システムとみなした場合も同じである。しかし，組織の捉え方がクローズド・システムからオープン・システムへと変容するに従い，組織の合理性追求は環境の影響を前提として考えざるを得なくなる。そうなれば，組織の環境適応が主要な研究テーマになるのは当然で，その結果，組織と環境の関係が分析され，そのあり方を確証するため，両者の測定尺度が次々に提案されるに至った。

(1) 組織と環境

組織と環境というテーマは，1960 年代以降いろいろなアプローチによって研究がなされている。なかでも エメリ＆トリスト（Emery & Trist, 1965）の研究は，組織と環境の関係についてその捉え方を明確にしたものとして定評がある。彼らは組織と環境の関係形成について，L は両者の論理的可能性を示す関係，そして添字の 1 は組織を，2 は環境を意味するとして，4 つのパターンがあることを記号で示している。すなわち，L_{11} は組織→組織（組織内の相互依存関

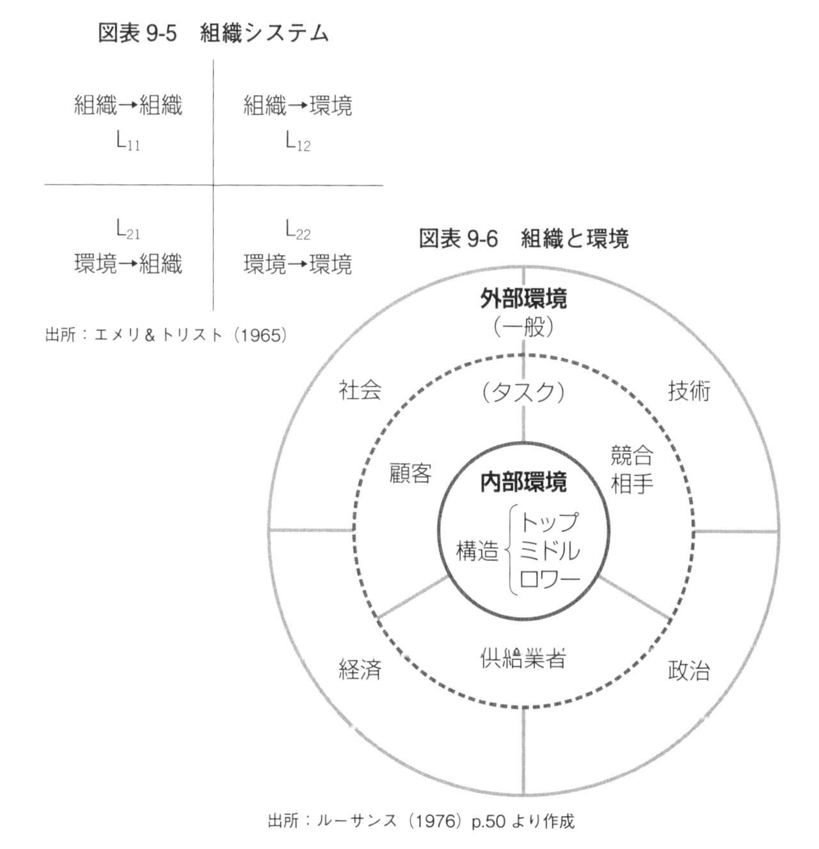

図表 9-5　組織システム

出所：エメリ＆トリスト（1965）

図表 9-6　組織と環境

出所：ルーサンス（1976）p.50 より作成

係)，L_{12} は組織→環境の関係，L_{21} は環境→組織の関係，L_{22} は環境→環境（環境内の諸部分の相互依存関係）である。

このような組織と環境の見方とは別に，個別組織の環境を分析対象に，組織の内部環境と外部環境を識別し，さらに外部環境を一般環境とタスク環境（特定環境）に分ける見方もある（図表9-6)。

この場合，一般環境は間接的に組織に影響を与えるもので，たとえば，政治的環境，経済的環境，社会的環境，技術的環境などが想定される。これに対して**タスク環境**とは，組織の目的達成活動に直接影響を与えるもので，たとえば，競合相手，顧客，供給業者などが挙げられる。この見方をエメリ＆トリストの捉える環境対象と比べると，L_{11} は組織の内部環境に関するものであり，L_{12}，L_{21} はタスク環境に関するものであると言える。しかし，L_{22} で想定される環境内容は組織間関係（組織セット，組織ネットワーク）を対象とするものであるため，個別組織の一般環境をどのように捉えるべきかがはっきりしていない。

以上のように，組織環境は異なる観点からアプローチできるが，環境を特定する場合，どこに焦点を合わせるかを明確にすることが必要である。組織に与える環境の影響は一定時点だけではない。時間の経過とともに環境状況が変わり，その組織に及ぼす影響も変わるのである。そこでエメリ＆トリストは，組織と環境との相互作用とそれぞれの有する資源特質に従って環境状況はさらに4つのタイプに分類できるとしている。

すなわち第1は，静態―散在型（placid-randomized）で，組織が必要とする資源が散在しているがその確保は安定しているという，いわゆる**完全競争**の状況である。第2は，静態－偏在型（placid-clustered）で，まだ環境は平穏だが資源の偏向がみられる**不完全競争**の状況である。第 3 は，混乱―反応型（disturbed-reactive）で，資源のとり合いに競争がみられるが相互依存的でもある**寡占的競争**の状況である。そして最後は，乱気流型（turbulent）で，組織はもはや単独では資源の確保がどうしようもない状況である。これらは，時の経過とともに環境がどのようなパターンに変容する可能性があるかを明らかにしている。

組織の環境は，以上のようにその想定する領域や状況によって分類が可能である。では，組織行動に影響を及ぼす環境はどのように捉えたらよいのだろうか。組織行動とは，組織メンバーが環境状況を勘案した意思決定の産物であり，組織環境の変化が組織行動に大きな影響を及ぼすことは否定できない。しかし，意思決定状況における環境は，客観的にあるとは言え，意思決定者が認知したものにすぎず，実際には認知しそこなった環境も存在する。組織の環境は，実態として存在する客観的環境と組織成員の認知に基づく認知環境に区分可能であり，その観点から言えば，組織の行動には認知環境が，その行動結果には客観的環境が反映されるのである。

いずれにせよ，組織行動にかかわる環境特性を明確に把握してそれを実証研究に生かそうする場合，環境要因の操作化が必要である。そこでトンプソン（Thompson, 1967）は，環境を同質―異質，安定―不安定の次元で操作化した。またダンカン（Duncan, 1972）は，組織環境を単純―複雑，安定―ダイナミックといった次元で操作化を試み分析しているが，環境次元の分類は以上に限らない。環境要因の操作化は，その他の観点からも可能であり，多くの研究者によって取り組まれた。そして次第に，環境の二次元分析より，**環境の不確実性**という視点が組織行動にとって重要なものとみなされるようになり，それを示す環境次元・特性が追求された。しかし，不確実性に対するアプローチは多様で，たとえば，組織を情報処理的な視点からみるか，資源依存的な視点からみるかによって不確実性の捉え方に相違がある。

組織と環境の関係を明らかにすることは，オープン・システムとしての組織の研究に欠かせないものである。そして，環境特性の把握が進むにつれ，環境と組織の有効な関係パターン解明を志向した実証研究が，コンティンジェンシー・アプローチとして展開されたのである。

(2) 組織のコンティンジェンシー理論

オープン・システムとして組織をみると，合理性追求のロジックだけでは存続・発展することが不可能である。環境からの要請は，コストを削減するための合理性のみではなく，資源獲得のために手段を選ばずといった非合理的な要請もあり多様化しているからである。そうした環境要請に組織が応えられるかどうかは，組織の環境適応問題と言える。

では，組織の環境適応とはどのようなことを意味するのだろうか。「適応」という用語は，生物学をはじめいろいろな分野で用いられているが，この場合，環境の要請に対して組織がその構造・プロセスをどう対応させて有効性を確保するかということである。したがって，静態的には環境と組織の適合パターン，動態的には環境の変化に対して組織がどのように対応するかのプロセスが問題となる。

組織の環境適応に関する研究は，組織をオープン・システムとして捉える立場からいろいろと行われてきている。それらを組織が環境に対していかなる関係にあるかを中心に整理してみると，①**環境決定論**，②**決定主体論**に大きく区分することができる。

環境決定論は**コンティンジェンシー理論**（Contingency Theory: CT）が主張するところであり，基本的には，「環境→組織→有効性」という図式によって，組織が有効に機能するには，ある特定の環境状況（不確実性，技術，規模など）に対して反応的に組織の構造形態が自然に決定されるという考えである。

バーンズ&ストーカー（Burns & Stalker, 1961）の研究は，CT の先駆けと言われる研究の 1 つであり，その後に多大な影響を与えている。 彼らは，英国の 20 企業を調査して，組織は**有機的システム**と**機械的システム**という 2 種類にパターン化できることを発見した。

しかも，いずれのパターンに該当する組織も，環境状況に適応すれば有効な組織となりうることを発見している。すなわち，安定的な環境においては機械的組織であれば有効であるのに対し，不安定な環境においては有機的組織が有効であると結論づけている。

この主張はその後，他の研究者によってさらに精微化されている。たとえば，カスト＆ローゼンツバイク（Kast & Rosenzweig, 1979）は，組織のタイプを，クローズド／安定的／機械的，オープン／適応的／有機的の２つに分類し，環境，組織システム，サブシステムの各次元の特性を整理している。

バーンズ＆ストーカーの研究以後，CT 研究に類するものが続いたが，タヴィストック研究所の社会・技術システム論の影響を受けたウッドワード（Woodward, 1965）の研究は，きわめて影響力の高いものだった。彼女は，英国の製造業 100 社の技術システムを調査分析して，単品・小バッチ生産，大バッチ・大量生産，装置生産という製造技術の差によって，業績の高い有効な組織の構造が異なることを明らかにした。すなわち，単品・小バッチ生産から装置生産というように生産技術が複雑になればなるほど組織構造も複雑になるが，単品・小バッチ生産と装置生産では共通して有機的な管理システムが有効で，大量生産では機械的な管理スタイルが有効であると主張したのである。

一方，英国のアストン大学のピューら（Pugh, et al., 1969）を中心としたアストン研究は，1961 年から 68 年にかけて組織構造の詳細な比較研究によって，組織構造の重要次元（集権化）を明らかにするとともに，それに与える状況要因としては技術より規模の方が重要であることを主張した。すなわち，生産技術と組織構造の間に有意な関係はみられず，規模が拡大すると活動の構造化が高くなること，当該組織がインプットやアウトプットの面で他の組織への依存度を高めると権限がトップに集中することなどが指摘されたのである。

またアメリカではローレンス&ローシュ（Lawrence & Lorsch, 1967）が，環境の不確実性を別の観点から捉え，環境と組織の実証研究を行った。その内容は，タスク環境の不確実性の程度によって，有効な組織構造も異なるという命題の検証である。彼らは3つの異業種（プラスチック産業，食品産業，容器産業）の組織を対象に，それぞれ異なる環境状況に対して意思決定者の捉え方がどのように異なるのか，という視点から研究を展開した。その分析を通じて彼らが着目したのは，組織における生産，販売，研究開発の各部門の**分化**（分権化の度合）と**統合**（集権化の度合）の関係であった。そして，組織が有効的であるためには，組織の意思決定者が環境をダイナミックで不確実だと認知する場合，組織がメンバー志向で分化することが必要であり，他方，意思決定者が安定して確実な環境だと認知する場合，組織は統合することが必要である，という仮説が実証された。彼らの研究成果が示したのは，有効な組織ほど環境の要請を満たしているということである。

1960年代に組織と環境に関する一連の実証研究が展開されたが，そこに共通項を見出したローレンス&ローシュは，それらを称してCT（コンティンジェンシー理論）という用語を提案した。そして，それが広く受け入れられ，今日に至っている。CTの基本的図式を示すと図表9-7のとおりである。

図表9-7　CTの枠組み

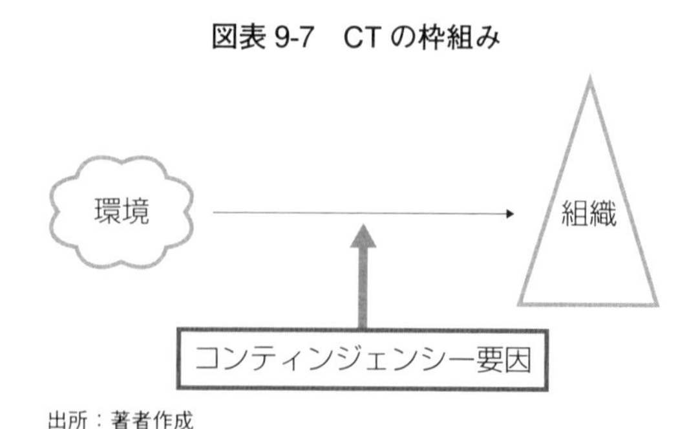

出所：著者作成

ガルブレイス（Galbraith, 1973）によれば，CTには①唯一最善の組織化の方法はない，②どの組織化の方法もすべて等しく有効であるとは限らない，という特徴が見出せる。しかし，このようなCTに対しては，いろいろな評価がなされている。たとえば，カスト&ローゼンツバイク（1973）は，CTについて，一般システム論の抽象度を現実適用するために少し低くし，具体化したものとして意義があると評価する。すなわち，組織はいくつかの下位システムから構成され，環境という上位システムとは境界によって識別されるが，さまざまな環境状況に応じて組織がいかに機能するかを明らかにするのがコンティンジェンシー理論である，という点である。またルーサン（Luthans, 1973）によれば，CTはシステム論に立脚し，従来の経営に対するいろいろなアプローチの統合をはかって「理論のジャングル」から抜けでようとするものである。

要するにCTは，組織がオープン・システムであることを前提に，環境が変化して組織の変革が必要となる場合に，どのような組織が理想タイプとなるかを示しうること，すなわち組織デザイン論の新たな理論的枠組みを提示したとも言えるのである。

しかしチャイルド（Child, 1972）は，CTが環境決定的だと批判して戦略的選択論（決定主体論）を主張する。環境状況によって組織が一元的に決まるという環境決定論に立てば，同一環境状況にある組織はその適応パターンがすべて同じになるはずであるが，彼の行った実証研究によれば，組織の環境適応は多様であり，いずれも優れた組織成果を上げている場合がある。こうした環境決定論では説明できない実態に対して，チャイルドは，「組織は戦略に従う」というチャンドラー命題に着目し，意思決定者の決断（戦略的選択）が組織に及ぼす重要性を主張したのである。

組織は，環境によって一方的に決まるのではなく，「環境→戦略的選択→組織→有効性」という図式で表されるように，環境と組織の間に戦略的選択という意思決定者の決断が介入して決定される。

優先度の高い要因は環境より戦略的選択にあり，組織は環境に制約された意思決定者が決めるのである。

この図式において戦略的選択から環境に→があるのは，チャイルドがワイク（Weick , 1969）の提示する意思決定者による環境の**イナクトメント**という考えに賛同しているからである。組織の意思決定者からの働きかけ（環境認知）によって当該組織の環境が実現されるというのは，環境を所与と考える環境決定論と異なって，環境コントロールの可能性を示唆するものでもある。

このように戦略的選択論は，環境を所与とする環境決定論に対立する考えである。そこでマイルズ&スノー（Miles & Snow , 1978）は，こうした考え方を**ネオコンティンジェンシー理論**とよび，CT は環境決定論だという批判を克服する考え方を示した上で，組織と環境の既存の研究とは異なり，環境適応パターンがいかに生じたかというプロセスの解明に焦点を当てた研究を進めた。そして彼らは，組織の環境適応を外的適応（戦略的行動のパターン：防衛型，先取型，分析型，反応型）と内的適応に区分し，さらに両者の調整を図るのが経営者の役割であり，経営者による戦略的選択をベースにした組織の環境適応論を展開している。

組織の環境適応に対するこうした分析枠組みには，次のような特徴がある。すなわち，①組織とその環境の間を経営者の戦略的選択がつなぐものとみなす点，②組織の環境をイナクトメントし，それについて学習・管理しようとする経営者の能力に焦点を当てる点，③組織が環境状況に対応する際の多様な方法もその射程に置く点である。

ところで，組織の環境適応について，以上のような環境決定論と決定主体論の捉え方に対し，時間軸の観点からみれば，前者は長期的，後者は短期的に有効であるとも考えられる。また組織の環境適応は1回きりではなく，環境の変化（時間の変化）が生じればそこにいくらでも適応現象生起がありうるため，組織の環境適応モデルはCT やネオ CT に限定されることはない。この点については，環境適応をプロセスとして，特に，組織学習の概念を取り入れたプロセス的見方が大いに示唆に富んでいると言えよう。

3. 環境変化と組織化

すでに指摘したワイク（1969, 1979）は『組織化の社会心理学』のなかで，イナクトメントは，意思決定者が自己の認識枠組みで変化する環境を整理・選別・仕分けする作業だと表している。そして，環境変化に応じたダイナミックな組織現象を捉えるためには，構造論的なアプローチでは不十分だとして，**組織化**（organizing）の視点を主張した。これは，川の流れる実態は構造から明らかにできないように，変化する組織は組織構造を明らかにしても説明できないことから，組織の変化（プロセス）に視点をおいた研究と言える。

ワイクによれば，組織は常に活動しており，従来の静態的な組織分析では，組織の本質は捉えられない。組織は大きな川のような存在であり，安定した流れのときもあれば，激流となることもある。しかも，外からみえない川床は変化に富んでおり，月ごと，年ごとにみても同じ状況・状態は二度とあり得ない。まさに，内外の環境変化に応じてダイナミック（動態的）な変化を続けているのである。

ワイクはその変化のプロセスを，進化論の考え方を使って，環境変化（生態学的変化）に応じてイナクトメント（変異）→淘汰→保持の要素から成り立つと捉えた。組織は，環境のイナクトメントによって，それに応じた組織形態，管理方法などを随時選択して実践

図表9-8　組織化のプロセス

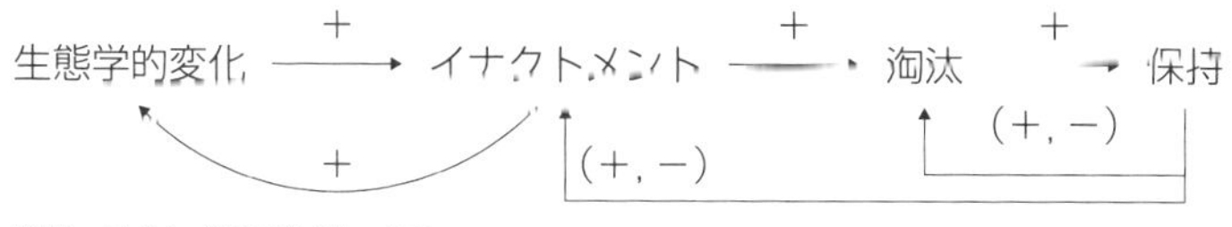

出所：ワイク（1979）訳p.172

的な行動をとるが，次第に環境に適さない形態や管理法は淘汰され，環境に合ったものだけを残して組織運営がなされていく。しかし，環境変化は止まらないため，組織はこのプロセスを絶えず繰り返す組織化活動を展開するのである。

組織は時間経過に応じてダイナミックに変容しており，常に動いている。ワイクの見方には，組織のあるべき姿，理想像などは元来なく，組織は，その置かれている環境の変化に応じて，川の流れ（川床）のように刻々と変化しつつ，動いている存在である。したがって，こうした組織化の考え方から引き出される実践的インプリケーションは，組織は成功体験にとらわれないことが重要であり，組織メンバーがイナクトメントをはじめ，組織プロセスの各段階で主体的な行動をとることが求められるのである。換言すれば，これは組織の主体論と言えるものである。

変化する組織の環境についての説明は，特定の環境構造からでは説明できない。実のところ，環境変化について人は，環境を構成する変数を無作為に抽出するのではなく，個々人がもつ認知マップ（枠組み）のなかで変数の抽出を繰り返し行う。こうすることで，組織の環境変化を捉えることができるのである。たとえば，経営者による環境のイナクトメントは，彼の認知マップを通じて環境が特定化・明確化され，その結果，それが企業にとっての**センスメーキング**（sense-making：意味形成）につながり，組織行動の方向性が固まる，というわけである。

ワイクは，静態的な組織を想定してその構成要素を構造的に分析する組織研究とは一線を画し，動態的な組織を前提にその動きを組織化という概念を用いて説明したと言える。そして，「変異→淘汰→保持」という進化論の図式を踏襲して，組織がイナクトメントを契機に，進化論的にダイナミックに組織化するという，プロセス的な組織分析の可能性を開いたのである。

経験的に言って組織化の現象は，実際の組織行動において確かにみられることである。しかも組織化は，企業にとって意味のある，価値ある環境対応活動の繰り返しを表しており，時には即興的に行われることも意味する有効な概念として今や定着している。

4. 組織の制度化論

セルズニック（Selznick, 1957）は『組織とリーダーシップ』において，組織と制度が価値観の違いから区別できることを明示している。すなわち，一般的に組織は経済効率達成の手段とされるため，より効率的な組織が生まれればそれに代替される。しかし，行政組織に代表されるような非合理的組織は，基本的に，組織の変容なくしても永続性が保障される。それはなぜなのだろうか。この問いに対してセルズニック（1957）は，社会的に定着することを意味する**制度化**（institutionalization）の概念から説明する。

つまり制度（法規制や文化など）は，社会にとって価値ある不可欠な存在であり，制度化されるためには，社会的価値観と一致すること（正当化）が求められる。制度には必ず何らかの価値観が埋め込まれており，組織が制度化するには，それなりの価値観が根づく必要がある。セルズニックによれば，そうした価値観を組織に投入できるのは経営トップであり，企業においては経営理念の浸透が該当する。ただし，後にメイヤー＆ローワン（Meyer & Rowan, 1977）が指摘したように，社会から正当性を得て制度化された組織は，少々の不祥事を起こしても存続可能であり，それは制度化がもたらす有効な側面，つまり制度的神話を裏づけることになる。なぜ，リーマンショックが起こったにもかかわらず生き残れた金融機関が多いかは，制度化されていたからに違いない。

組織を制度的観点から分析する研究は，その後，同型化，制度ロジック，制度的企業家など，次々と新しい概念が構築され，理論的にますます発展している。

ディマジオ＆パウエル（DiMaggio & Powell, 1983）は，制度が必然的に**同型化**する現象を明らかにするとともに，それを強制的同型化（法規制に対応），模倣的同型化（成功企業の物まね），規範的同型化（社会的価値観に同調）に識別している。そして，同型化のパターンが複数ある理由を，**経路依存性**（先例に制約されること）と不確実性の制約のもとで経済合理的に制度化するには，それぞれ置かれている状況が異なるためとみなし，1つのパターンに集約されないことを表している。

制度ロジックの発想は，制度化される方向性を説明するために考えられたものであり，具体的には，マーケットのロジック（経済合理性），環境保護のロジック（社会的価値観），専門書出版のロジックなど，制度化に影響するロジックは複数ある。それは，組織の制度化と言っても，制度ロジックが異なれば，制度化の方向性も異なることを説明するのに有効である。

以上の制度化の議論は，制度化現象を環境決定論的にみたものだが，実際は，組織自体が制度をつくり替えることもある。たとえば，インターネット企業の成長・発展により，新たな法制度の構築やビジネス制度の見直しなど，組織主導で制度化が進むことが，近年は特に目につく。そうした現象を説明するために提示されたのが制度的企業家という概念である。いずれにせよ，概念は現象を説明するための手段であるから，制度化現象に限りがないとすると，今後も新たな概念が生まれてくる可能性が高い。

本章のキーワード

管理原則，官僚制，科学的管理，フォードシステム，
ホーソン効果，非公式組織，モラール，
コンティンジェンシー理論，分化と統合，タスク環境，
環境のイナクトメント，組織化，センスメーキング，制度化，
同型化，制度ロジック

☑9章の気になるポイント

科学的管理法

成行管理 (drifting management) ⇒組織的怠業

課業管理（task management） ⇒科学的管理法（SM）

☆ 時間研究，動作研究によってデータの集積

指導票制度，
差別出来高制度，
職能別職長制度
} ☆ **高賃金**と**低労務費**の同時実現

★ SMに対する批判：組合側から労働者操縦論と批判

＊陸軍兵器廠でストライキ発生：1911年8月
⇒下院特別調査委員会で公聴会（1911/10 ～ 1912/02）

テイラーの弁明：**精神革命論**

フォードシステム

①生産の標準化，
②移動組立法（コンベアーシステム）

✓ 1908－1927の間に同じモデルＴだけを生産
（当初は黒のみ）

✓ 累計 **15,458,781** 台の生産
（ＶＷのビートルに抜かれるまで量産世界一）

☆ 価格の引き下げが販売台数を増大させ，
それが生産台数をさらに伸ばして，
より低価格を実現するという好循環 ⇒ 世界一のメーカーへ
1908年 → 850ドル，1922年 → 300ドル

✓ **高賃金と低価格**の実現
1914年年に最低5ドル／日にアップ（当時の平均は2.4ドル／日）を公表
希望者が殺到（フォード社雇用窓口に約10000人）
有能な人材の転職率の削減を意図 → **人材の確保**に成功，3シフト／日に

官僚制組織の特徴

✓ 分業中心　⇒ タテとヨコ
✓ 権限の集中 ⇒ トップダウン
✓ 非人格化　⇒ 人間を部品扱い
✓ 規則と手続き ⇒ 仕事のルーティン化

官僚制組織の欠点

➢ 環境変化に対応できない
➢ 手段の目的化（逆機能現象）
➢ 訓練された無能
➢ 顧客本位になれない

新時代の組織形態の探求

◆ より合理性（効率）の高い組織
◆ 人間性豊かな組織
◆ 創造性（イノベーション）を生かせる組織
◆ 合理性と創造性を同時に実現できる組織

合理性の種類

（近代以前）実質合理性
（近代化）　→ 脱魔術化
（近代以降）　⇒（計算可能な）形式合理性

✓ **目的合理性**：目的達成の手段が適切
✓ **価値合理性**：価値追求自体が重要

さまざまなロジック

組織化のロジック：組織は常に動いている，ただし組織メンバーが主導して！

制度化のロジック：正当性の観点から時代に即したロジックが選択される

正当性　制度的企業家　市場ロジック　環境ロジック　制度化

第10章
組織デザイン

本章の謎解明

- 組織形態がいろいろあるのはなぜ？
- 組織デザインを何度も見直すのはなぜ？
- マトリックス組織を採用しても失敗するのはなぜ？
- 組織の発展・成長が難しいのはなぜ？
- 組織化のネットワーク化が必要なのはなぜ？

組織現象の研究を振り返ると，ビジネスの現場からいろいろなアイディアの提案があり，それをもとに理論の構築がなされてきたことが確認できる。そして，それがまた組織の運営実践に応用されるという繰り返しが組織論の世界を豊かにしている。組織は成長，発展，衰退などいろいろな変化を経験するが，その変容において組織形態のあり方をどう考えるかについて以下ではみていきたい。

1. 組織原則

歴史的にみると，組織の研究はウェーバーの官僚制論（権限の階層性，専門化，非人格化，規則・手続きの体系化などが特徴）をはじめ，組織構造を対象にした構造分析が多くなされてきた。経営学における伝統的な経験ベースの規範論では，組織における**職能の分化**がなぜ起こるかに注目し，目標達成の手段である組織の効率的な構造のあり方が探求されている。

職能の分化は，組織の経営規模拡大によって促進される現象であり，次のようなパターンに整理される。すなわち，経営活動の循環過程（調達→製造→販売）に即した**過程的分化**，経営活動に必要な要素（ヒト，モノ，カネ，情報）に即した**要素的分化**，そして，経営活動の局面（計画，統制など）に即した**局面的分化**である。しかし，こうした職能の分化も全体として統合された構造が欠けては組織として効率的に機能しない。そこで，職能の分化と統合という観点で，組織の構造と維持の問題について経験的に解決が図られ，組織の諸原則が生み出されている。

すでに何度も取り上げたファヨールが示唆した，経験則をベースとした組織（管理）の諸原則は，その後の論者によって若干の相違があるが，以下が共通の基本的な原則とされるものである。

(1) **命令統一の原則**：複数の上司から命令を受けるべきでない。

(2) **例外の原則**：上級のマネジャーは，反復的に行われる定型的業務は下位の者に当たらせ，例外的な非定型的問題（戦略的問題）の処理のみに当たるべきである。

(3) **スパン・オブ・コントロールの原則**：1人の上司が管理・監督できる部下の数には限界がある。

(4) **階層の原則**：効率を図る分業の法則から，マネジャーと部下の仕事を分けるタテの分業を通じて階層システムでなければならない。

(5) **専門化の原則**：分業の法則から，各レベルで仕事を専門化することが必要だというもので，その方法には，目的別，職能別，地域別などがある。

これら諸原則は，組織づくりをするための一定の指針として今日でも広く組織づくりの前提とされている。しかし，サイモン（1997）が指摘したように，相互に一貫したものではなく，とりわけ専門化の原則には，実践方法を特定できないという欠点がある。すなわち，専門化の原則に従って組織編成を行おうとしても，地域別にすべきか，職能別にすべきかの理論的な判断基準がないため，実際にはどうしてよいかわからない。つまりこれら原則は，根拠がないため，科学的原則とは言いがたい。とは言え，現代でも使われているのは，批判されても否定できないからである。

2. 組織の基本的形態

現実の組織は，いろいろな構造形態によってその活動を行っているが，それは組織の基本的形態（ライン形態，ファンクショナル形態，ライン＆スタッフ形態）の組み合わせで構築されたものである。

ライン形態とは，トップからロワーに至るまで，単一の命令系統（ライン）によって結ばれている形態である。組織メンバーは，直属上司の命令のみを受けること（命令統一の原則）を想定としており，上司が部下に対してもつ命令権限をライン権限と言う。長所としては，この組織形態では命令系統が単純なため，責任・権限の関係が明確である点が挙げられる。しかし短所としては，専門化（分業）の効果を発揮しにくいうえ，上下関係のみを重視するため水平的コミュニケーションが停滞しがちで，上司の負担が過重になる傾向がある。なおライン形態は，職能分化の行われてない場合の純粋ライン組織と，購入，製造，販売という過程的分化が行われている場合の部門別ライン組織に識別できるが，通常ではこの部門別ライン組織のことを意味する。

ファンクショナル形態は，テイラーの提唱した**職能的職長制度**（functional foremanship）に基づく形態である。当時，工場レベルのマネジャーは多様な職務に精通している者のみが万能型職長として配属されることになっていた。ところがテイラーは，多様な職務を十分にこなす能力・知識をもつ職長を必要なだけ確保することはもはや不可能であると認識したため，専門化による職能分化（計画職能と執行職能の分化）を中心原理とした職能的職長制度を考案して，職長レベルの分業を図る組織形態であるファンクショナル形態を提唱したのである。

ファンクショナル形態は，ライン形態のように下位者が直属上司からのみ命令を受けるのではなく，各々の専門職能（計画，手順，検査，修繕など）を担当する上司から，その職能（たとえば修繕）に関する事項についてのみ命令を受ける形態である。長所としては，専門化の原則によるため上司の管理負担が軽減し，部下の指導を専門的に行い仕事の標準化も促進可能な点が挙げられる。一方，短所としては，命令系統が多元化し命令の重複や矛盾が生じやすいこと，上司の専門職能が相互に重複しないように分化するのは現実的に難しいことが指摘できる。

ライン＆スタッフ形態とは，軍隊組織における参謀部制の成功をきっかけとして実現されたもので，ライン形態とファンクショナル形態の欠点を克服し，両者の利点をうまく取り入れようとするものである。つまり，ライン形態の命令統一の利点とファンクショナル形態の専門化の利点を同時に生かす形態であり，管理職能と執行職能からなるライン形態に，管理者層に助言や助力を提供するスタッフ部門をつけ加えた形態である。この場合，スタッフは決定や命令の権限をもたず，提供する助言や助力の採否はライン形態の管理者が決定する権限を有する。ライン＆スタッフ形態は，ほとんどの組織でみられる基本形態であるが，いくつかの問題点もある。すなわち，スタッフ部門とライン部門とのコンフリクトや，スタッフの増大が間接費の増加を招くことである。

実際の組織は，以上のような基本形態を組み合わせたもので，事業に即して形をなしていく。しかも，組織力をアップするため，委員会やプロジェクトチーム，タスクフォースという補助的な形態も活用されている。**委員会**は，特定の事項について審議や解決を委託された合議体であり，たとえば，指名委員会，報酬委員会，人事委員会などの名称のもとで運営される。これに対して**プロジェクトチーム**は，特定の課題について，各部門から有能な人材を選んでチームをつくり，その課題達成に取り組ませるものである。委員会のメンバーは所属部門の仕事を抱えながら委員としての役割を果たすのに対し，プロジェクトチームの場合は専従が基本である。

図表 10-1　組織の基本形態

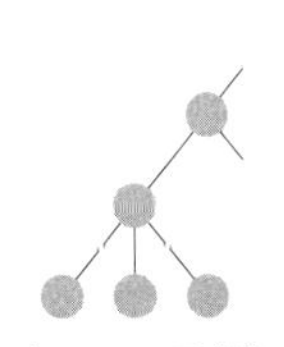

〈ライン形態〉

〈ファンクショナル形態〉

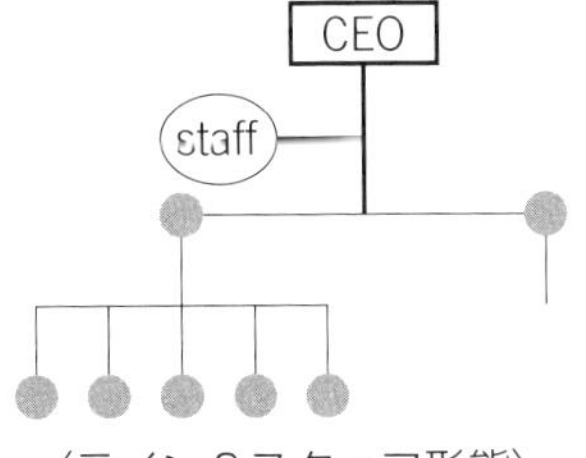

〈ライン＆スタッフ形態〉

出所：著者作成

3. 職能部門制組織と事業部制組織

職能部門制組織は，過程的分化によって区分けされる生産，販売，財務などの仕事単位で部門化して編成されるもので，専門化の利点を生かしたライン＆スタッフ組織である。これは，創業時の企業の多くが採用する組織構造と言える。

この組織構造の長所は，部門内の特定の職務が専門化されるため，担当者の専門的な知識や技術のレベルを高め，それらを活用することができること，また，生産や販売の業務が各部門で一括して行われるため，資源の効率的利用と**規模の経済**が達成できることである。一方，短所は，過度の専門化が進むと部門間の**セクショナリズム**が生じ，①全般管理者（経営者）の養成がしにくくなること，②利益責任が不明確になること，③部門間の調整コストが増大すること，また調整できるのは組織全般を見渡せる経営トップだけであるため，④トップの負担が過重になることである。

職能部門制組織は，事業内容が単純であれば問題が少ないが，事業が多角化するとその欠点が重荷になり，新たな組織構造をデザインすることが余儀なくされる。

以上の組織構造とは違い，製品別，地域別，顧客別などの基準で部門化した各グループを事業部とし，これらを経営トップ（トップ・マネジメントと本社スタッフ）が全般的に管理する形態として事業

図表 10-2　職能別部門制組織

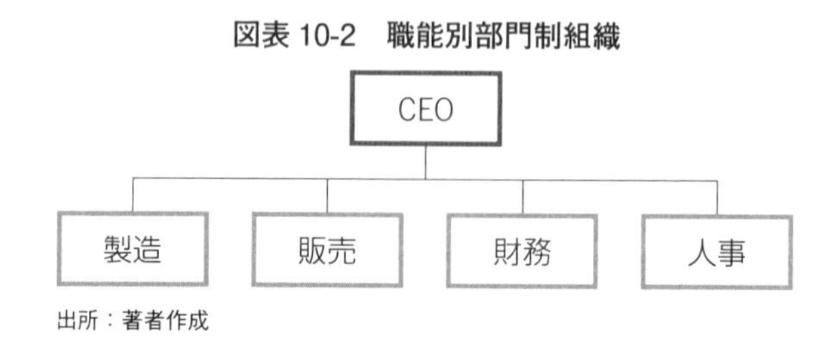

出所：著者作成

制組織がある。この構造は，組織が大規模化し，その事業が多角化した場合，職能別を編成基準とした部門化ではもはや組織の有効性を確保できないということから代替的に考案されたものである。

通常，各事業部が利益責任を負えるだけの権限が与えられていることから，職能部門制組織の**集権的組織**に対して，事業部制組織は**分権的組織**を形成していると言われる。

アメリカでこの組織構造が採用され始めたのは，1920年代のデュポンやGMなどによってであり，その後，製造業ばかりでなくシアーズのような小売業にも採用が広がり，1960年代には大企業の大半がこの組織構造を形成するようになった。わが国でも，松下電器（現在のパナソニック社）が1933年に創業者松下幸之助の独自の考え方から製品別事業部制を採用したという記録があるが，この組織構造が本格的に普及したのは1960年代から70年代にかけてであった。

事業部制組織の特徴は4つある。まず第1に，各事業部が独自の製品と市場をもち，それぞれに関連する製造―販売などの職能と権限を与えられた**自立的部門**である点，第2に，各事業部は独自の利益責任をもつ**プロフィット・センター**である点，第3に，**社内振替**

図表10-3　事業部制組織

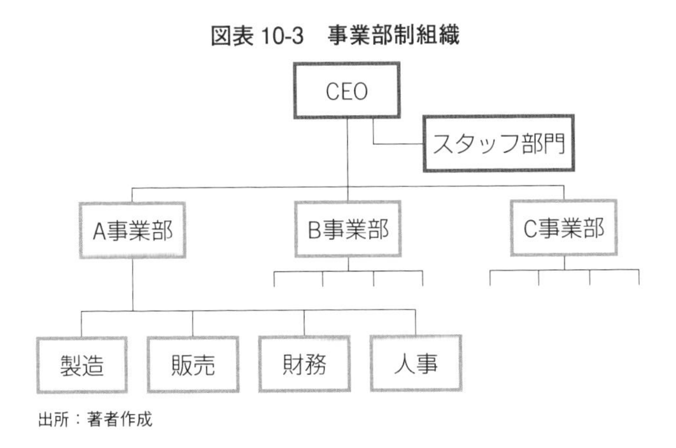

出所：著者作成

価格制や**忌避宣言権**を認めることによって，市場メカニズムを組織に反映する点，第4に，経営トップは戦略的な観点から各事業部の調整を行う点である。

このような特徴をもつ事業部制組織は，製品別事業部制，地域別事業部制，顧客別事業部制といったさまざまな展開方法が可能である。しかも，主力製品に関してのみ事業部制が採用され，それを職能部門制組織と組み合わせた構造や，多数の事業部がある場合それをいくつかの関連したものに分け，それぞれを事業本部が統括する事業本部制の構造となることもある。

企業が事業部制を採用するかどうかは自由だが，「組織は戦略に従う」というチャンドラー命題が歴史的に証明されて明らかになったように，多角化戦略を策定して成功させるには，組織を事業部制にする必要がある。事業を多角化して運営する場合，各事業単位で自立した体制の方が，明らかに，1つの部門で多様な事業を調整しながら行う体制よりも効率的である。なぜなら，独立した事業体であれば他の事業部門との調整コストが不要だが，複数の事業を1つの部門で行うには調整コストがかかるからである。

事業部制組織は，経営者養成に資する点，社内に部門間の競争が導入され組織が活性化する点など，利点も数多くある。多角化戦略の場合，事業部制組織が有効となるが，事業部制の採用がもたらすのは上記のような利点ばかりでなく，コスト面を中心に欠点も多々ある。それらを整理すると，図表10-4のようになる。

事業部制と言っても職能部門制組織と同じく一長一短があり万能型組織ではない。とりわけわが国の場合，従来から，事業部制組織と名乗っても，実はその利点を生かせないままの企業が多いとされた。そこでソニーは，1994年に事業部制を廃止して社内カンパニー制の導入に踏み切ったのである。社内カンパニー制という名称はソニーが独自に考案したもので，その狙いは，本来の事業部制がもつ利点を活かすことにあった。

図表 10-4　事業部制組織の利点と欠点

利点	• 経営トップは全体最適を図る戦略的問題に専念可能
	• 事業部単位で環境変化に適応可能
	• 事業部単位で業績測定ができて利益責任が明確
	• 事業部での経験を積ませて経営幹部の養成
	• 事業部間で競争するため全社で活性化
欠点	• 事業部間で調整が困難
	• 事業部間で機能重複があり管理コスト増
	• セクショナリズム
	• 職能単位の規模の経済が低下
	• 事業部単位で業績評価されるため短期志向

出所：著者作成

当時はまだ業績がよく，日本のリーディング企業としてグローバル市場で存在感を増していたソニーは，海外企業と形のうえで同じような事業部制組織構造を採用していたにもかかわらず，組織力として見劣りを感じていた。そこで，その理由を究明したところ，日本的な悪しき平等主義に原因を見出した。つまり本来の事業部制は，利益単位とし事業部間で競争して，その結果を従業員に反映することでモティベーションを高めることができる組織形態のはずが，業績の悪い事業部も良い事業部も報酬に関しては同じ会社仲間だから同一の扱い，という価値観が定着しており，業績連動の報酬体系を欠いた競争力不足の事業部制であることが判明したのである。

これでは名ばかり事業部で，その長所を生かし切れない中途半端な組織にすぎない。ソニーが事業部再編にともない社内カンパニー制に名称変更したのは，こうした日本独自の事業部制組織を欧米的に本来の趣旨に沿った形に転換するためであった。そして，従来の価値観を踏襲している事業部制組織という名称を変更したのである。その後，業績が良いソニーが採用したため，他の多くの企業がその本質を理解することなく社内カンパニー制を採用するに至った。当然，それでは失敗することが明らかで，次第に社内カンパニー制から元の事業部制に里帰りしている。流行に乗りやすい特質は日本人だけでなく日本企業においても同じだったことが，いやしくも例証された形になった。

4. マトリックス組織

1920年代初期に事業部制組織が考案されて以来，45年ほど経過してようやく，組織デザインとしては初めて新しい組織が登場した。それがマトリックス組織である。この名称がつけられたのは，図示すると，マトリックス構造をしているからである。

マトリックス組織は，1960年代にアメリカの航空宇宙産業が大プロジェクトを効率よく実行するために誕生させたもので，基本的には職能部門制組織と事業部制組織の両方の欠点を補完しつつ，それぞれの利点を生かそうとした組織形態である。しかもこれは，デイビスとローレンス（Davis & Lawrence, 1977）によると，従来の伝統的組織原則では説明できない組織の新しい「種」であって，既存の諸形態の変種ではないものである。

マトリックス組織では，職能とプロジェクトの組合せを考えればわかるように，命令統一の原則が無視される。組織メンバーは元の職能部門に属すとともに，新しいプロジェクトにも属すことになり，**ツーボス・システム**（ボスが2人いる複数の命令系統）が成立するのである。そこで，複数の命令系統を組み入れた組織であればどのようなものでもマトリックス組織であるという捉え方もできる（Davis & Lawrence, 1977）。

実際のマトリックス組織にはいろいろな種類が考えられる。たとえば，製品・職能マトリックス，製品・地域マトリックス，プロジェクト・マトリックス，多次元マトリックスである。これは，マトリックスがどんな組織の編成原理によって構成されているかでその内容が異なってくるからである。

基本的に，マトリックス組織にはその成果に大きな影響を及ぼす職位が存在する。すなわち，①CEO，②マトリックス・マネジャー，③ツーボス・マネジャーである。

CEOは，自ら意思決定をするというより決定プロセスを管理するのが役割であり，部下であるマトリックス・マネジャー間のコンフリクトを調停し，それぞれの協働を促進する役割を果たすことを職務とする。マトリックス・マネジャーは，プロジェクトの管理を職務とする業績マネジャーと，人材，資金といった職能部門の管理を職務とする資源マネジャーから構成され，それぞれ他のマトリックス・マネジャーと部下を共有する。図表10-5では，プロジェクトAのマネジャーや財務部のマネジャーなどがこれに該当する。

ツーボス・マネジャーは，業績マネジャーと資源マネジャーの双方の部下としてその接点に位置するもの（図表10-5では●など，その下に部下が複数）で，両上司の間を橋渡しして相互に協力しあえるような体制づくりの支援を行う。

さて，以上のようなマトリックス組織も，有効なものになるにはいくつかの条件を満たすことが必要である。デイビス&ローレンス

図表10-5　マトリックス組織

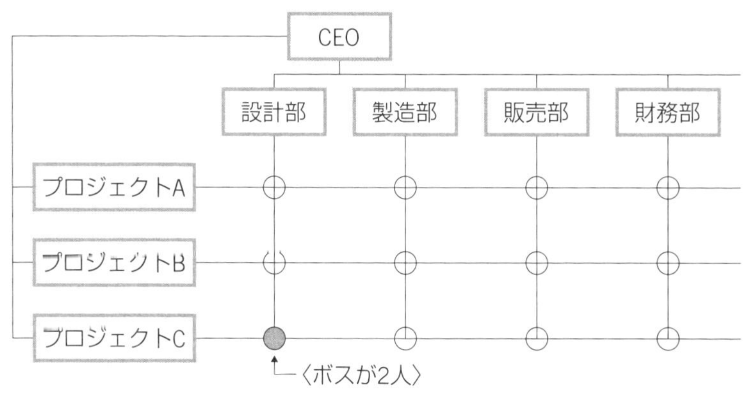

出所：著者作成

(Davis & Lawrence, 1977) によれば，その条件とは，第1に，職能別や目的別など2つ以上の編成基準が組織に必要とされるような**外部からの圧力**が存在すること，第2に，外部環境の不確実性やタスクの複雑性・相互依存性から，**高い情報処理能力**が必要なこと，第3に，高業績を達成するために**経営資源の共有**が必要なこと，である。

しかし，条件をすべて満たしたマトリックス組織ではあっても，マネジャー間の主導権争いや部門間の調整コストの増加などの欠点も否定できない。

以上のように組織にはいろいろな形態があるが，これは，組織が全体として効率を高めるにはいかなる構造でなければならないかという観点から，試行錯誤によって生み出された結果なのである。しかも歴史的に組織形態をみてみると，職能部門制組織→事業部制組織→マトリックス組織の流れで新しい形態が登場してきたと言える。では，このような組織の発展形態は，どのようなロジックで説明がつくのであろうか。また，マトリックス組織が最後の形態でその先はないのだろうか。

図表 10-6　マトリックス組織の利点と欠点

利点	• 組織の効率性と柔軟性の同時達成
	• 経営資源の最適配分と有効活用
	• 組織メンバーのバランスのとれた能力開発
	• 組織内のオープン・コミュニケーションの促進
	• 組織の協働関係の促進
欠点	• マトリックス・マネジャー間の主導権争い
	• 全社的レベルでマトリックスを維持するのが困難
	• コンフリクトが発生しやすいので決定に時間を要する
	• コストの増加
	• 個人のストレス増加

出所：著者作成

5. 組織の成長・発展モデル

これまで説明してきた組織形態は，理論的にみて，①環境の変化，②規模の拡大，③組織の成熟度，④イノベーション，⑤人間観の変化などによってさまざまに変化してきている。そして，そのような組織形態の変化は，基本的に，単一組織から職能部門制組織，事業部制組織，そしてマトリックス組織へと，発展的に捉えることができる。

グレイナー（Greiner, 1972）は，組織の年齢と規模の次元（軸）を通して，進化論的に5段階の組織の成長・発展モデルを示した。このモデルによれば，組織の成熟度に応じて各段階の危機を克服できなかった組織は淘汰されるのに対して，危機の局面を乗り切った組織は次の段階に進むことになる。組織の成長は組織を取り巻く環

図表 10-7　組織の成長・発展モデル

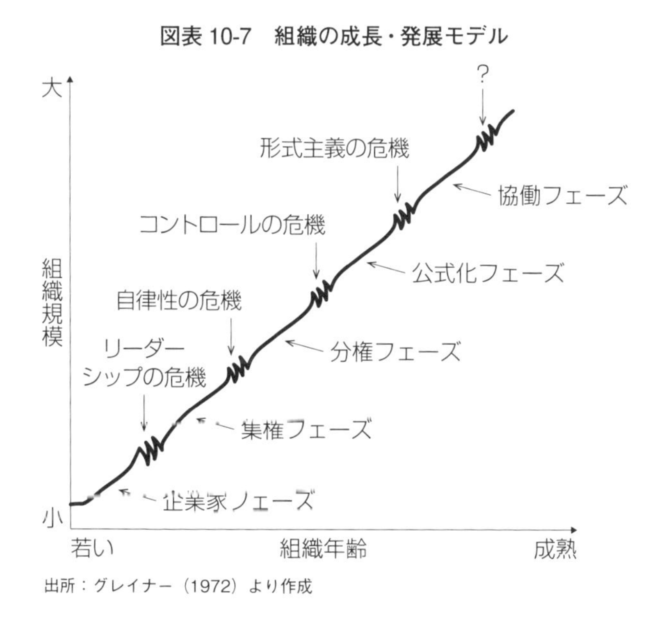

出所：グレイナー（1972）より作成

境に依存せざるを得ないため，成長・発展段階での危機をいち早く通過する組織もあれば，漸進的に成長する組織もある。ただし，いずれにおいても次の段階に至るには，組織にとって重大な危機となるハードルを，組織の総力を挙げて乗り越えなくてはならない。しかも，それぞれの危機は，組織固有のものであるため，他社の模倣的対応は通用しない。あくまでも，組織のもつ旧来の枠組みを壊すような革新的な対応が求められるのである。

たとえば，創業から急成長して組織の規模が拡大すると，まずリーダーシップの危機に直面し，その組織にとっては未体験の事態に対処せねばならなくなる。その場合，現場を含めて適切なリーダーシップを発揮できる人材を揃えられるかが，実践的な問題として浮上する。そうした人材を育てる時間的余裕がなければ，外部からリクルートしなければならない。問題を指摘するのは簡単だが，それを本当に解決するのは容易でなく，頭数を合わせても，組織にとって良い結果が出るかはわからない。こうした成長にともなうさまざまな問題を地道に解決することで，組織の発展・成長につなげることができるのである。起業するのは簡単だが，それを発展・成長させるのは容易でなく，経営者の力量が問われるのである。

組織の成長・発展モデルの最終段階は，チーム組織，マトリックス組織が想定されている。このように組織形態を発展的に捉えることは，組織がこれからどのようにその形態を変えるのかを知るために有効な方法であるとともに，実際の組織を理解するためにも重要な視座を提供してくれると言えよう。

6. 組織デザイン論

前章で取り上げた組織の環境適応論の発展は，組織デザインという実践的課題にも大きく寄与している。伝統的組織論によれば，組織のデザインは普遍的な原理・原則によって行えば，いかなる状況においても行動目的の達成に有効である組織をつくれるため，組織形態の選択余地はなかった。ところが，コンティンジェンシー理論の発展とともに，環境と組織の適合パターンの蓄積がなされ，組織を状況に適合するように選択すること，つまり組織デザインの必要な論拠が明らかにされたのである。

そもそもデザインとは創造的な作業であり，デザイナーたる意思決定者によって遂行される。したがって，組織デザインは，組織が当面の状況において有効に機能するように，環境，目標・戦略，組織の構成要素間に一貫性，適合性を意図的につくり出すことである，と言える。

ガルブレイス（Galbraith, 1977）は，近代組織論の成果を組織デザインの問題に適用するという立場から，組織の情報処理モデルに基づく組織デザイン論を展開している。彼の定義する組織デザインとは，「組織が志向する目標，分業および組織内単位間の調整の形態，そして仕事を行う人間という3要素の間に一貫性をもたらす決定プロセス」（p. 5）である。そして，タスク・構造・意思決定プロセス・報酬システム・人的要因などの組織デザイン変数と環境状況を適合的に組み合わせるために，さまざまな戦略的選択が可能であることが主張される。この場合の戦略的選択とは，環境適応を意図した目標の選択，組織形態の選択，個人と組織を統合させるためのプロセスの選択である。

ガルブレイスはさらに，「タスクの不確実性が大きくなればなるほど，一定水準の業績を達成するために，タスクの遂行過程において意思決定者の間で処理せねばならない情報量も一層増大する」（p.36）という組織の行動にかかわる基本的命題を提示し，不確実性と情報との関係から組織デザインのプロセスを明らかにしようとしている。不確実性は，その削減ができる組織デザインを促すものであり，しかも「タスクを遂行するために必要な情報の量と，組織がすでにもっている情報量との差」（pp.36-37）というように，情報量

図表 10-8　情報の不確実性の捉え方

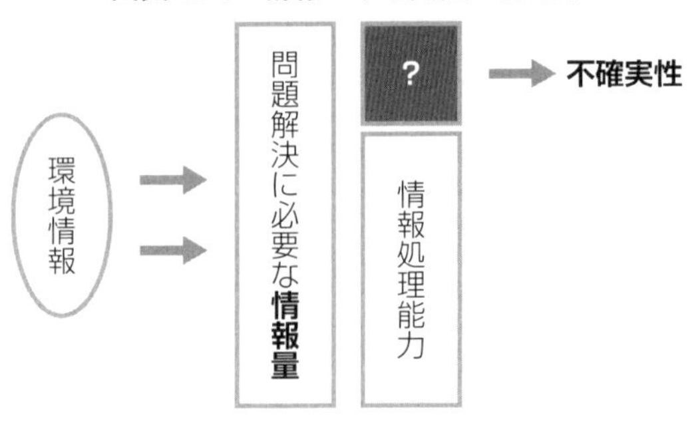

出所：著者作成

の観点で把握できる概念である。また，タスク遂行に必要な情報量は，①目標の多様性，②分業，③目標業績水準の3つの要因の関数として規定される特徴がある。目標多様性は異なった製品，市場，顧客の数というような組織の直面する環境と関連するものである。一方，分業は組織内部の多様性を反映するものであり，情報処理が必要な内部要因を決定する。そして，目標業績水準はそれを高くするか低くするかで情報処理量に影響を与えるものである。

ところで，組織は必須の情報を保有していないときにも，実際にタスクを遂行しながら情報を獲得し，意思決定を行っていかなければならない。しかも，組織が保有する情報処理能力には限界があるため，組織はタスク環境の不確実性に対処するのに，状況に応じた組織形態をとること，すなわち組織デザインを行うことが要請されるのである。この場合，組織デザインは，①組織の計画能力を増大させるか，②突発的な事柄に対する組織の弾力性と適応力を増大させるか，③存続のため最低限必要とされる業績水準を低下させるかなどによってなされる。

組織デザインの戦略として考えられる一例が図表10-9である。すなわち，安定的な環境下で不確実性に直面しない場合，組織は伝統的組織論の成果である機械的モデルを通じて環境に対応し，調整さ

図表 10-9　組織デザイン戦略

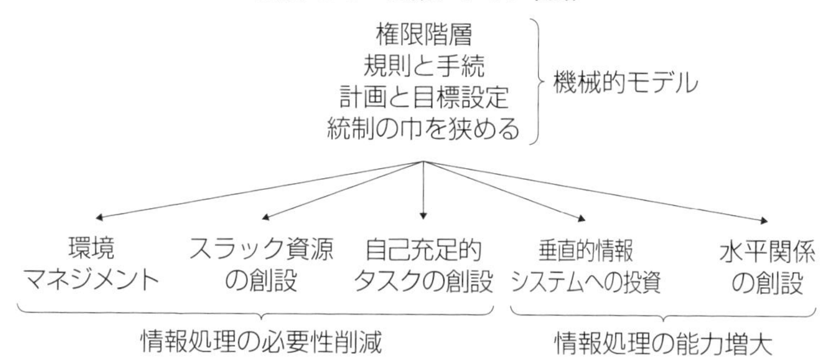

出所：ガルブレイス（1977）p.49 より作成

れた相互依存行為を確保しようとする。しかし，例外の数が増え，環境の不確実性が増大するにつれて機械的モデルでは対処できなくなるため，不確実性を削減するために，①処理されるべき必要な情報量を減少させるか，②情報処理能力を増大させるか，という視点からそれぞれのデザイン戦略がとられるのである。

こうした情報処理の視点に基づく組織デザインの捉え方は，不確実性増大にともなって必要となる情報量増大への対処を通じて，組織化様式の相違や変化を説明するものと言える。

組織デザインをプロセス的に捉える情報処理モデルは，適合性を概念的に組み入れたものとして優れている。しかし，組織デザインに対する見方はこれだけに限られるわけではない。その他にも，資源依存モデル（有利な資源依存関係を構築）に基づくマクロ的組織デザイン，職務設計論（職務特性と人的特性・能力の適合）を中心としたボトムアップ的な組織デザインなどいろいろ考えられるのである。

7. ネットワーク化

以上みてきたように，組織は機能的な存在であるという考え方をベースに，有効に機能する組織のあり方やそうなるための方策の探求がなされてきた。そうした研究を代表するのが，既述の伝統的な組織原則論，バーナードによる近代組織論，環境決定論的なコンティンジェンシー理論である。

しかし，これら組織現象を静態的にみる立場に反して，近年，ダイナミックな組織現象をみる立場から，新しい理論モデルが探求されている。こうした観点からの研究で大きな影響を及ぼしたのが，第9章で取り上げたワイク（Weick, 1979）による，組織を進化的プロセスとしてみる組織化（organizing）論である。

以上，いろいろな議論が展開されるなかで，新しい組織現象も生じている。それは，インターネットを基盤とするネットワーク・ビジネスや企業のエコシステム発想に基づく組織現象である。これを捉えるネットワーク組織という概念は，事業部制組織といった組織構造のバリエーションを表するものでなく，組織行動が外部のネットワークを介して行われるようになった現象から生み出されたものである。したがって，外部との接点を断ち切って論じられてきた従来の組織構造，たとえばマトリックス組織を超える次の段階の組織構造だとは言い切れない。

一般的にネットワーク組織は，外部組織と組織のヒエラルキー（階層）を想定しない新しい組織編成原理に基づいて形成される組織のつながりを表しているとされる。そうした見方からすれば，自律的な単位を横断的で相互補完的に結びつけたものや，部門間などの組織内の単位組織間でも形成されるし，企業間の提携や企業グループなどの新しい企業結合といった組織間においても形成される。ネットワーク組織という概念には，組織の支配・従属関係は存在せず，各組織もしくはメンバーは自律性と主体性を保ちながら，機能的に結合していることが意味されている。

ネットワークに参加している組織ないし個人は，情報を共有し，特定の共通した目的の範囲内において活動している。そして，ネットワークを維持し，環境に柔軟な対応をし，学習を通し革新を行う組織としてネットワーク組織を形成するのである。ネットワーク化（networking）が進展するなかで，こうしたネットワーク組織を通じた新しいビジネスが勃興し，伝統的な組織構造論では描けない現象が起こっているのは必然的かもしれない。アマゾン（Amazon）やグーグル（Google），ウーバー（Uber）といったIT関連ビジネスで成功している組織は確かにネットワーク組織を軸にしているが，まだ変容過程にあり，不明な点が多々あるのが実情である。

そうしたなかでネットワーク組織の研究で注目される概念として，**構造的空隙**（structural holes）がある。これは，ネットワーク関係のなかで，情報が集まり仲介役としての役割を果たせる結節点がきわめて重要であることを示唆するものである。この考え方からすれば，社会的にネットワークが発展するなかで，たとえば，なぜアマゾンが急成長できたのか説明することができるのである。その理由は，構造的空隙としてアマゾンのサイトが位置づけられ，個人情報が集まるようになったからである。

本章のキーワード

職能の分化，組織原則，職能部門制組織，事業部制組織，マトリックス組織，情報の不確実性，組織デザイン，ネットワーク組織，構造的空隙

☑10章のポイント

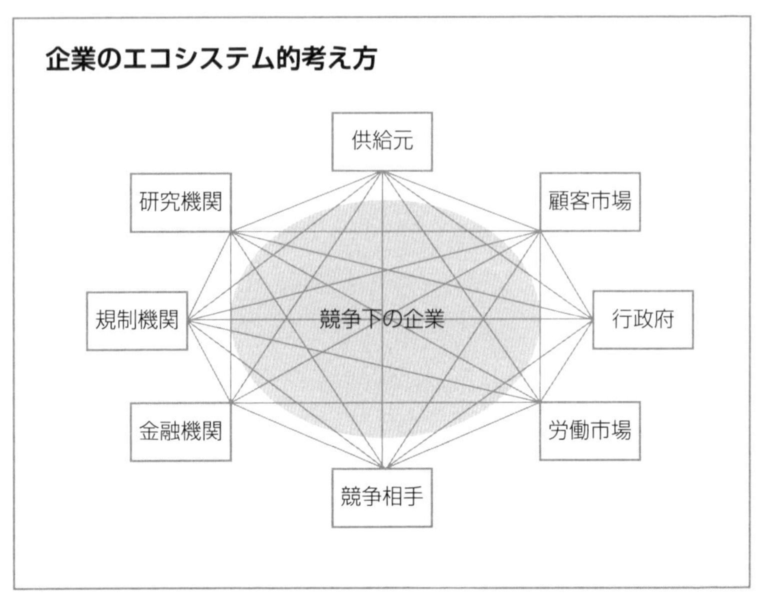
企業のエコシステム的考え方
供給元
研究機関
顧客市場
規制機関
競争下の企業
行政府
金融機関
労働市場
競争相手

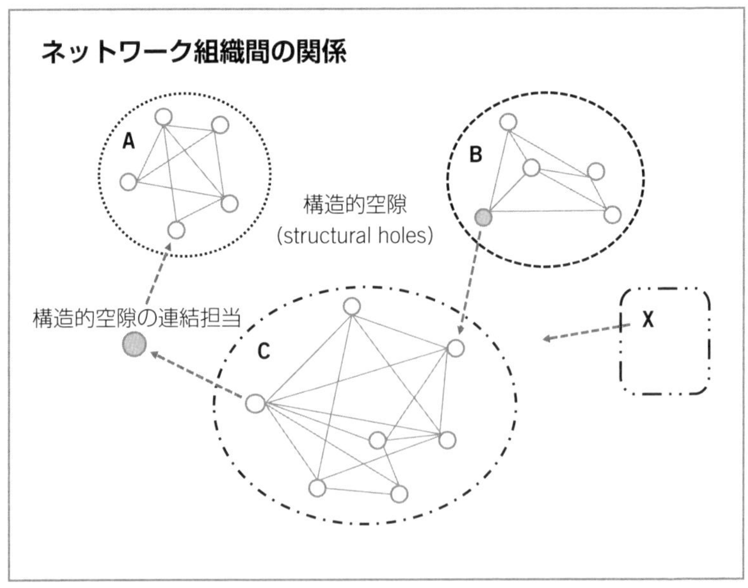
ネットワーク組織間の関係
A
B
構造的空隙
(structural holes)
構造的空隙の連結担当
C
X

第11章
組織行動と個人

本章の謎解明

- 嫌いな仕事でもやる気が出るのはなぜ？
- ほとんど当たらない宝くじを並んでまで買うのはなぜ？
- 優秀なリーダーがだめになるのはなぜ？
- リーダーシップの状況論にいろいろなものがあるのはなぜ？
- リーダーシップ論があり過ぎるのはなぜ？

1. 組織と個人

人間は何らかの目標を達成するために行動する。たとえば，生活のために働く，体を鍛えるために運動する，試験のために勉強するなど，何らかの目標を達成しようと行動する。しかし，緊急事態発生時には，条件反射的に行動をすることもある。このような人間が，組織に所属して組織のために行動すると，個人として行動する場合とは異なる問題が生じる。いわゆる組織と個人の問題である。

個人行動が目標達成のためなされるように，組織も目標達成のために行動する。組織は，人の力を合わせて協働するものである。成立時に組織と個人の目標は一致していたとしても，次第に，効率性を軸に組織の行動する勢いが増すと，変化する組織メンバーの目標との違いが生じてくる。これが組織と個人の方向性のギャップ，いわゆるコンフリクト問題である。たとえば企業組織の場合，企業にとって収益最大化が組織目標だとすると，個々人の求める自己利益最大化と衝突が生じるのである。

組織と個人の問題は，こうした両者の目標不一致から生じるが，その解決は，組織の方向性にメンバーをどのように従わせるか（リーダーシップ），組織メンバーの能力を組織のためにいかに引き出すか（モティベーション）の方策次第である。また，そうした個々のメンバーに限った話だけでなく，組織におけるグループ（集団），チームなどの活動を組織目標達成のために向ける仕組みのあり方も問題である。

本章では，こうした問題点について，なぜそうした考え方が登場してきたかという視点からみていくことにする。

2. モティベーション論

人間行動の分析は古くから行われ，その知見がいろいろな場面で使われてきた。また，すでにみたように，ホーソン実験によって人間のやる気が人間関係に依存することが明らかにされ，**ホーソン効果**（注目の効果）の重要性が広く認識されるようになった。しかし，職場においては，そうした効果がない場合でも，やる気が増すことがある。その要因を探ると，たとえば，会社の将来性，職務内容，人事評価，報酬などが想定できる。こうしたさまざまな要因を軸に生み出されたのが，人間のやる気を引き出し行動を促すモティベーション論である。

人がやる気を起こす理由は，お腹が空くと空腹を満たすために飲食行動に出るという単純なケースからも推察されるように，基本的には，人間関係よりも本人の欲求にあると想定できる。人間はそれぞれ欲求構造をもっており，欲求不満を解消する行動に出る。すなわち，人はそれぞれ何らかの欲求をもち，その欲求が満たされないとストレスが生じ，それを解消しようと行動するのである。そして，その行動は欲求を充足させるまで続くと考えられる。

モティベーション研究はまず，人間の欲求充足行動という観点から進み，モティベーションを高めるためにどのような欲求が起因になるかが議論の焦点となった。こうした人間の欲求内容を軸にしたモティベーション・モデルは，図表 11-1 のように示される。

図表 11-1　欲求充足行動

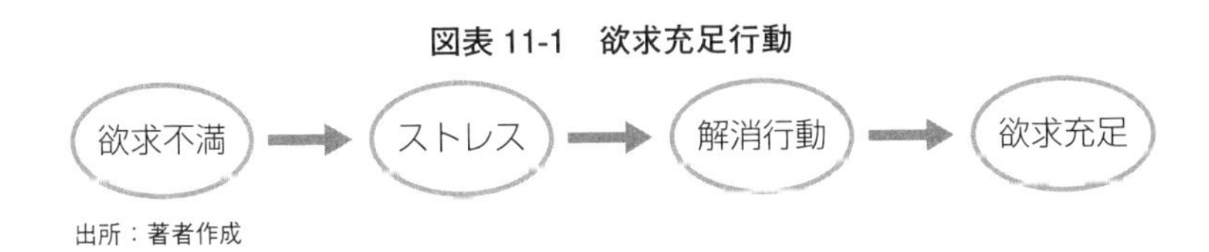

出所：著者作成

3. モティベーションの内容論

(1) マクレランドの欲求説

人間の欲求には愛情欲求，支配欲求，自己顕示欲求，謙虚欲求，獲得欲求など数多くある。マレー（Henry Murray：1893-1988）は39種の欲求リストを作成し，さらに1次的欲求（先天的）と2次的欲求（後天的）に整理した。そして，こうした欲求が人間行動を目的志向的にすると主張した。

またマクレランド（David McCleland：1917-1998）は，以下の4つの欲求がそれぞれ独立した人間の欲求であり，人間行動を理解するのに重要であることを明らかにしている。そして彼は，このなかでも，達成欲求が仕事の成果と最も関係があることを主張した。

(1) 達成欲求：高いレベルでものごとを成し遂げたい
(2) 権力欲求：他人に影響力を与えたい
(3) 親和欲求：関係者とうまく付き合いたい
(4) 回避欲求：失敗ごとや不快状況から避けたい

(2) マズローの欲求階層説

人間がもつ欲求に階層構造があることを明らかにしたのがマズロー（Abraham Maslow：1908-1970）である。彼によれば，人間の欲求は，最低次元の生理的欲求から最高次元の自己実現欲求まで階層的に構成されており，人間が新たな欲求に目覚めるのは，それより低次の欲求がある程度充足してからである（図表11-2）。

つまり，生理的欲求が満たされないと，安全欲求が出てこないのである。たとえば，砂漠地帯に紛れ込んでしまったとして，たまた

図表 11-2　マズローとアルダーファの階層図

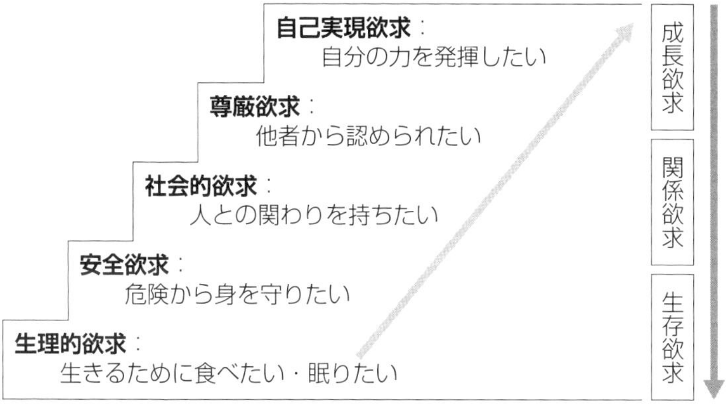

自己実現欲求：
自分の力を発揮したい

尊厳欲求：
他者から認められたい

社会的欲求：
人との関わりを持ちたい

安全欲求：
危険から身を守りたい

生理的欲求：
生きるために食べたい・眠りたい

成長欲求

関係欲求

生存欲求

出所：著者作成

まオアシスに遭遇して水にありつけた場合を考えてみよう。この場合，のどが渇いてしょうがない人はその水をすぐに飲んでしまうが，のどの乾きがそれほどでもない（生理的欲求がある程度充足している）人は，その水が安全かを確かめたいと思う（安全欲求）はずである。

また，マズローの欲求階層説は，人間の成長（赤ちゃんから成人まで）ステージに即して理解できる発想である。そのため，モティベーション論以外にもいろいろな場面でも応用可能なアイディアとして使うことができる。たとえば，発展途上国の人たちが先進国の人がやらない危険で低賃金な長時間労働をなぜ引き受けるのか，という問題である。これに対して，発展途上国の人たちは食べるものが十分に確保されてない（生理的欲求が満たされてない）ため，安全を求めないからである，と説明できるのである。この見方は，先進国企業が発展途上国の労働者の欲求状態を理解したうえでの経済合理的な行動とも言える。人間は平等という発想からすれば，マズロー理論の悪用と言えるかもしれない。

マズローの欲求階層説の修正版として有名なアルダーファ（Clayton P. Alderfer：1940-2015）の ERG 論は，人間の欲求階層を生存欲求

(Existence)，関係欲求（Relatedness)，成長欲求（Growth）の3段階に分けたうえで，人間は高次の欲求が充足されないと低次欲求の充足で満足するということを主張する。これは，低次欲求を満たしてから高次欲求が目覚めるというマズローの考えとは真逆の発想である。いずれの見解も実証されたわけではないため，どちらが正しいかは断定できない。とは言え，われわれの不可思議な行動を解き明かすヒントを提示していることは疑いないと思われる。

(3) ハーズバーグの動機づけ・衛生（2要因）理論

マズローの欲求階層説について批判はあるものの，それを根本的に否定することはできない。しかし，各次元の構成要因は特定されていないため，モティベーションを高めるためにはどうすればよいかといった実践的課題に対するインプリケーションに欠けていた。たとえば，社会的欲求を満たすのに，具体的に何を満たせばよいか

図表 11-3　ハーズバーグの動機づけ－衛生理論

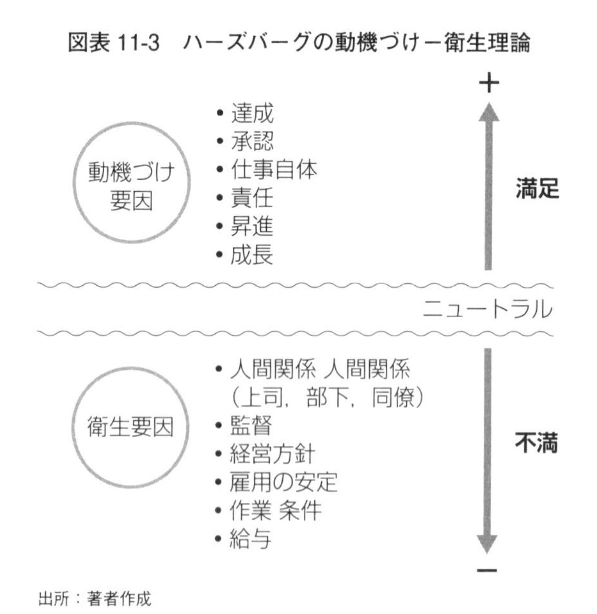

出所：著者作成

が特定されていないのである。そこで登場したのがハーズバーグ（Herzberg 1966）による2要因理論である。彼は，職場における労働者のモティベーションに影響する要因を詳細に検討したうえで，動機づけに直接影響する要因と影響しない要因の二つのグループに識別できることを明らかにした。そして，前者を**動機づけ要因**（満足要因：仕事それ自体，達成感，承認，責任など），後者を**衛生要因**（不満足要因：会社の方針，人間関係，職場環境，給与など）と命名したため，一般的にハーズバーグの動機づけ・衛生理論ないし2要因理論と通称されている。

衛生要因は，マズローによる社会的欲求以下レベルの要因に該当し，人はこれらが不十分だと不満をもたらす。しかしこの不満を解消したとしても，不満がなくなるだけで満足してモティベーションを高めることはない。作業条件など，具体的に取り上げた衛生要因についての実証研究の結果，特に議論をよんだのが「給与」についてである。

一般的に，給与をアップすればやる気が出ると思われるが，ハーズバーグは実証研究を通じて，給与が低いと精神衛生上不満になるが，それを高めてもその不満が解消するだけで，満足によるモティベーションにつながるわけではないと主張した。この主張は物議を呼び，労働組合幹部を含め大きな論争となった。結果的に，ハーズバーグの動機づけ・衛生理論は広く知られるところとなり，その研究方法，研究対象についてさらに深堀りされ精査されることになった。とりわけ給与に関しては，どのような仕事に従事しているかで動機づけになる／ならないかが次第に明らかになった。

動機づけ要因は，マズローによる高次欲求に該当するものであり，仕事にかかわるどのような要因を充足すればモティベーションが高まるかを明らかにしている。

ハーズバーグの理論は，マズローやアルダーファらの机上の空論とは異なり，被験者に対する直接調査により収集したデータに裏づけされた理論となっており，しかも具体的な要因を示している点でより説得力を高めている。とは言え，内容的には職務満足を測定するデータが中心であることから，これをもってして実証されたモティベーション論としては，いささか無理がみられる。

(4) X理論，Y理論

モティベーション要因の特定は，ハーズバーグの2要因理論によって進んだが，別の考え方も登場した。それは，人間のモティベーション現象をインセンティブとしての報酬（欲求）からみるもので，人間を主体として考える**内的報酬**と人間を客体として考える**外的報酬**による区分である。前者は内発的モティベーション，後者は外発的モティベーションに類型化できるが，こうした見方のなかで代表的なのが，マグレガー（McGregor, 1960）による人間観の識別であるX理論とY理論である。

マグレガーは理論と称しているが，それは仮説的な見方をあえて理論と名づけたにすぎず，注目を得るためのラベルであるとも言える。基本的な発想は，マズローの欲求階層説をベースに，低次欲求をもつ人間と高次欲求をもつ人間を識別するための区分けである。つまり，まだ低次欲求レベルにあり強制されなければ働かない人間像Xと，高次欲求をもち，命令されるより放任されることを好む人間像Yの類型である。

この2類型から，モティベーションを高めるには，飴と鞭のような外から強制的に行う外発的な方策と，本人の主体性に任せる内発的な方策があることが示唆される。この見方からすれば，欲求レベルの高い労働者に対しては，Y理論的に扱うことが必要である。そして，Y理論をベースにした具体的な施策としては，**参加型経営**（意思決定に参画する），**職務拡大**（仕事の幅を広げる），**職務充実**（仕事の内容・質を高める），**目標管理**（自分で設定した目標については管理責任をもってやる気が出る）などが挙げられる。

以上取り上げた欲求ベースのモティベーション論に共通する特徴は，人間は欲求不満を解消するために行動を起こすということである。われわれはそこから，職場で従業員のモティベーションを高めるには，個々人の欲求状況を理解し，その充足を図れるような手段を提供できれば当人のやる気を引き出すことができる，という実践的示唆が得られる。ただし，こうした欲求（内容論）ベースのモティベーション論では，個々人のモティベーションの度合（違い）を説明できない。なぜなら，個々人の欲求の違いを考慮に入れない考え方だからである。そうした状況のなかで生まれたのが，人間のモティベーションをプロセス的観点から考え出されたのがモティベーション論である。

4. モティベーションのプロセス論

(1) 公平理論

一般的に，人間は不公平だと感じると，それを解消して公平感を得ようと何らかの行動をとる。これがアダムス（Adams, 1965）による公平理論であり，こうした公平感を求める行動は，不公平な状況をきっかけにその解消を図るプロセスだとも言える。そして，とりわけ不公平な状況として具体的に想定されるのは，報酬の多寡に関して体感する場合である。

不公平と感じるのは，他者と比較しての場合である。つまり，他者と同じ努力（Input）をしていると思っているのに，比較すると実際の報酬（Reward）が少ない場合，誰でも不公平と感じるはずだ。それを等式で表すと，$R_i/I_i < R_j/I_j$ のようになる。自分の努力（I_i）に対する報酬（R_i）の割合が，他者の努力（I_j）と報酬（R_j）の割合（R_j/I_j）と比べて不公平で報われてないと感じた場合，公平理論が想定する行動パターンは以下のとおりである。すなわち，①自分の努

力を削減→②自分の報酬を高めるため交渉→③比較対象者に努力増を迫る→④納得のいく理由を探して正当化を図る→⑤比較対象者を変更→⑥所属組織から離脱である。

理論的には，報酬が多過ぎるというプラスの不公平感もありうるが，わざわざ優位な状況を解消する行動をする必要もないので，この場合の行動パターンの研究はあまり進んでいない。それゆえ，公平理論と言われているが，不公平理論といった方が内容に適切かもしれない。

(2) 期待理論

人によって置かれている状況や欲求レベルが異なるのは自然である。それを踏まえたうえで人間のやる気の違いを説明するにはどうしたらよいのだろうか。この問題に対する1つの回答がブルーム（Vroom, 1964）によって提示され，ポーター＆ローラー（Porter & Lawler, 1968）によって精緻化されたプロセス論としての期待理論である。

ブルームは，500件以上の実験・調査を通して，モティベーションは「意図した行為結果が得られる**期待度**」と，「その行為によって得られる結果の**誘意性**」の相互作用プロセスによって決まることを明らかにした。たとえば，「ここで並べば宝くじに当たるかもしれな

図表 11-4　期待モデル

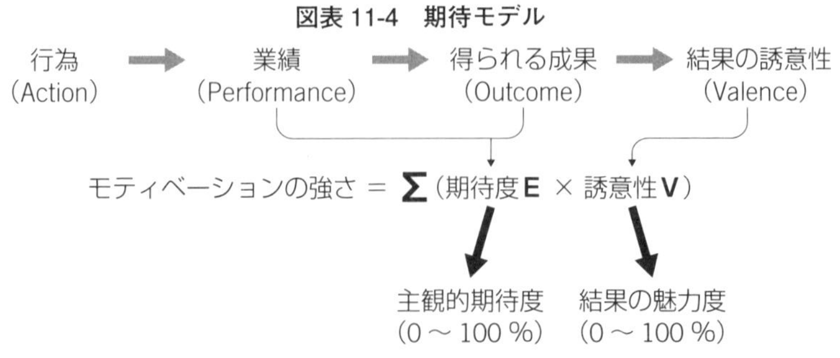

出所：著者作成

い」という期待度が高く，さらに「宝くじに当たればマンションが買える」という誘意性（魅力度）が高いと，宝くじを買うというモティチベーションが高まるという考え方である。これは，別の観点から言えば，期待効用の最大化を図る機会主義的な行動をとる経済人モデルを前提としたモデルである。

人間は，基本的に，実現の期待度と結果の誘意性を踏まえて行動する（期待度×誘意性）。この点をさらに詳しくみると，人間行動は，①行動すれば結果が出る，②結果は報酬につながる，③報酬に魅力があるというプロセスを経る。ブルームのこうした基本図式をベースに，モティベーションの期待モデルは精緻化が図られたが，このモデルの本質は，人間のもつ期待度と誘意性の相互作用によってモティベーションの度合が決定されるというものである。ただし注意すべき点は，報酬期待と魅力誘意にはプラス／マイナスがつきもので，いつもプラスの報酬，プラスの魅力になるとは限らない。

この図式における期待度とは業績から得られる成果の「主観的期待度（0～100％）」であり，誘意性を特定化する「魅力度（0～100％）」と合わせていずれも数値化されるため，個々人のモティベーションの強さの違いが識別できるのである。この点が，内容論では到底説明できない優れたところであり，モティベーション論として深化した表れである。

たとえば，ある自動車販売店が課すノルマが月10台販売で，目標達成できたらボーナス20万円支給の場合，セールスマンAの期待度50％だが誘意性は90％，Bは期待度75％で誘意性90％の場合，どちらの方がやる気がでるかを説明できるのである。つまり期待度と誘意性をかけ合わせた結果が大きい方がモティベーションの度合が高いと言えるのである。したがって，期待モデルに基づいて考えれば，実践的なインプリケーションは，期待度を高め，誘意性を高めるという方策を導くことができる。具体的に言えば，実現可能性の高いノルマの設定であり，目標達成した場合の魅力を内面・外面の両方から高めることである。しかし実際はそれほど単純ではない。それは，結果の魅力度が個人的に高くても，1人勝ちした場合，仲間からねたまれたらその魅力度にはマイナスの面も出てくるからである。そのため，期待理論の実践適用の際には，魅力度にマイナスが作用しないようにしなければならない。

(3) 目標設定論

ロック（Lock, 1968）によると，個々人のモティベーションの違いは目標設定の違いから生じるという。人間は目標達成のために行動するため，その目標内容の違いが行動に影響するという見方は当然である。そして，目標設定について，あいまいなものより明確なものの方が，また難易度の低いものより高いものの方が，結果としての業績は高いものになると想定され，経験的にも多くの場面でそれが確認されている。

実践面でみると，モティベーションを高めるために，目標設定論の考え方が広く活用されている。たとえば，その一つである目標管理は，Y理論型の人間だとうまくいく方法だとみなされるもので，基本的に，目標設定のあり方がモティベーションに影響することを意図しているため，目標設定論の発想の裏づけとなるものである。また，企業の採用する多様な成果主義報酬制度も，成果を目標設定の一環として捉えようとするものであり，モティベーションを高めるための目標設定論的発想の賜物と捉えることができる。

期待理論のプロセス的考え方は，一見すると内発的モティベーションを扱っているようにみえるが，外発的モティベーションである。なぜなら，期待度と誘意性は操作的な概念であり，経営サイドが当人の外からコントロールできるからである。しかし，人間がモティベーションを高めるのは，外発的な要因ばかりでなく，内発的な要因もあると考えるのは筋である。内発的モティベーションは，本人が時間の経つのも忘れるほど没頭する現象である。こうしたことは誰しも経験しているはずである。仕事そのものが面白い，楽しい，挑戦的なとき，多くの人はやる気がでるはずである。しかし，これらは本人のみが感じられることなので，他者は理解できない。まさに，これらは内発的な現象であり，ここに内発的モティベーションの可能性が見出せる。その代表例が目標設定論であり，今後の精緻化が期待されている。

人間は自主的・主体的に意思決定を行える存在であるため，上司やリーダーはそれが行えるように場を設定し，サポートしているにすぎない。

5. リーダーシップ

繰り返しになるが，ホーソン実験による発見には，ホーソン効果だけでなく，インフォーマル・グループの存在とその機能もある。組織の生産性は，フォーマル・グループの規範やルールが影響されるのは明らかだが，インフォーマル・グループも組織の生産性に大きくかかわっている。それは，時にプラスに，時にマイナスに影響する。集団がある課題に積極的にかかわる場合と，仕方なくかかわる場合を想定すれば理解できるであろう。リーダーのあり方がグループ行動に影響し，結果的に組織の生産性に影響する。リーダーのあるべき行動として，いろいろな角度から問われてきたのがリーダーシップ論である。

リーダーシップ概念の定義づけが困難なのは，組織におけるリーダーが，トップ層からロワー層まで存在していること，組織に限らず対等な人間関係においてもみられるなど，多様な現象とかかわるからである。そこで，一般的にリーダーシップは，組織ないしグループの目標達成のために行使される影響力ないしそのプロセスと定義づけされることが多い。

リーダーシップ論の足跡をたどると，以下のように，特性論，行動スタイル論，状況論（コンティンジェンシー論，パスゴール論，SL 論），変革型リーダーシップ論，サーバント・リーダーシップ論へと発展してきている。

(1) 特性論

特性論は，リーダー個人の特質がリーダーシップ成否の決め手であると想定しながら，有効なリーダーシップには，共通の特性があるはずだ，という考え方である。この見方から，歴史的に功を成し遂げた人物を挙げるには事欠かない。たとえば日本に限っても，戦国武将の織田信長，豊臣秀吉，徳川家康は，それぞれ独自な優れたリーダー像としてよく挙げられる。時代は変われども，それぞれ功を成し名を残したのはリーダーシップを発揮したからこそであり，そこに何らかの共通点があるはずだとして，それを探った一連の研究が特性論である。

リーダーの特性とリーダーシップの関係について，ストッグディル（Stogdill, 1948）は，当時公開されていた 124 の研究報告を詳細に検討し，リーダーが学識，信頼感，責任感，活動性などにおいて優れていることは認められるが，リーダーの特性と有効なリーダーシップの間に有意な関係が発見できなかった。その結果，リーダーシップの特性研究は，単なる偉人論や英雄論にすぎないことが判明し，求めるべきリーダーシップ研究からずれていることが認識されるようになった。終いには，特性的アプローチによるアカデミックなリーダーシップ研究はほとんどみられなくなった。

(2) 行動スタイル論

特性論の主張は，リーダーシップを発揮するには特殊な才能が必要だという認識からのものだった。しかし，実際にはいくら調べても共通する才能を見出すことができなかった。そのため，実際の有効なリーダーシップ現象について，リーダーの行動スタイルに着目すると何らかの発見があるかもしれないと想定した研究も進められ，その後広まったのがリーダーシップの行動スタイル論である。行動スタイルの観点からみると，リーダーシップ現象が類別できるため，これをさらに類型化して，行動スタイルのなかで最も有効なスタイルを特定化することが図られたのである。

1930年代末にレヴィン（Kurt. Lewin：1890-1947）を中心として行われたアイオワ大学の実験によると，リーダーシップの特徴から専制的リーダーシップ，民主的リーダーシップ，自由放任的リーダーシップの3つに類型できるが，そのなかでは民主的なスタイルが最も有効だとされた。レヴィンらの研究は，リーダーシップのスタイルに初めて着目した点で先駆的だったとは言え，その根拠が10才児を被験者とする実験結果であったため，その主張の普遍性に批判が高まった。

これに対して，ミシガン大学では，カッツ（Daniel Katz：1903-1988）らによるグループの生産性とメンバーの満足に関する研究から，リーダー行動が業績志向型と従業員志向型に分けられることが判明した。さらにリッカート（Likert 1961）は，リーダー行動と集団の生産性との関係を研究し，組織のマネジメント体制の違いと絡めて，それらをシステム1（独善的専制型），システム2（温情的専制型），システム3（相談型），システム4（参加型）に類型したうえで，システム4のスタイルが最も有効だと主張した。

またオハイオ大学の研究では，リーダーシップのスタイルを「構造作り」と「配慮」の2次元で類型化できることを明らかにし，構造づくり（厳しい）かつ配慮ある（温かい）リーダーシップ・スタイルが最も有効だ，と主張を展開した。構造づくりとは，目標達成に向けて効率的に職務を遂行するのに必要な枠組みを部下に示すリーダーの行動スタイルであり，具体的には，部下の役割や課題を明確化し，仕事の手順やスケジュールを設定することである。配慮は，良好な人間関係を生み出すリーダーの行動スタイルで，具体的には，部下の意見を聞くことはもちろん，部下の気持ち・感情に対応することである。

日本でも1960年代に同じ発想で，三隅（1966）によってリーダーシップのPM理論が主張された。仕事に関連するP（Performance）次元と人への配慮に関連するM（Maintenance）次元の2次元マトリクスを想定すると，4つのスタイル（pm，Pm，pM，PM）に類型化でき，いかなる状況でもPM型のリーダーシップ・スタイルが有効であることを，多数の被験者を対象に実証したのである。結果的に，仕事志向かつ人間志向のリーダースタイルが最も有効だ，という点で新規性はないものの，リーダーシップの行動（スタイル）論が，アメリカの職場だけでなく日本でも通用することを明らかにし，当時の日本におけるリーダーシップ研究が国際的に評価されたのである。

図表 11-5　PM マトリックス

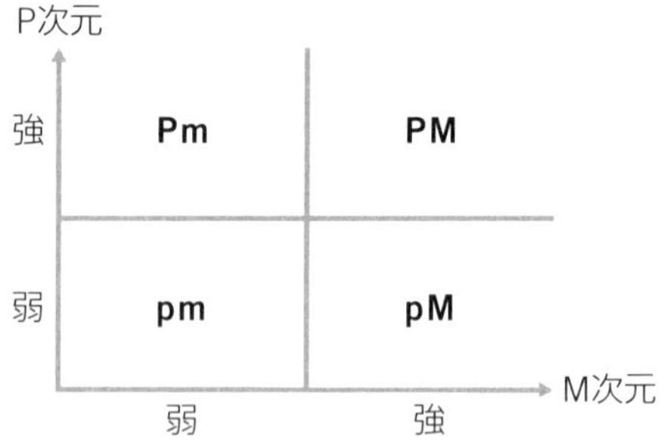

P次元
強　Pm　PM
弱　pm　pM
弱　強　M次元

出所：三隅（1966）をベースに著者作成

(3) 状況論

しかし，行動スタイル論が主張する有効な唯一最善のリーダーシップ・スタイルという発想は，確かに存在するならば使えるが現実的なものではない。なぜなら，実際の企業行動をみればわかるように，変化する環境に対応してその行動スタイルはいつも同じでなく変化を余儀なくされるからである。たとえば，バスケットボールやサッカーのようなチーム対抗型の競技では，いつもと同じ試合スタイルでは勝てない。相手の出方やチームの力量によって試合運びを変える必要があるため，状況に応じた試合展開ができるリーダーシップのあり方が問われるのである。

こうした観点から出てきたアイディアが，リーダーシップの状況論である。つまり，いろいろあるリーダーシップのスタイルは，状況次第で変える必要があるというものである。戦国武将の例を振り返ってみれば明らかだが，信長スタイルは戦乱期だからこそ有効だが，戦乱が収まった安定期の江戸時代では，家康スタイルが有効なのである。

こうした状況変化に応じた発想として代表的なのが，リーダーシップのコンティンジェンシー・アプローチである（図表11-6）。

フィードラー（Fiedler, 1967）によれば，リーダーシップの有効性は，リーダーの特性と行動（スタイル）と状況要因によって決定される。すなわち，グループ組織の成果はリーダーシップのスタイル（業績志向と人間志向２次元マトリックスで４つに類型）と状況（リーダーと部下の関係，職務構造，職務パワーの３要因）との適合関係に依存するというアイディアである。

リーダーシップのスタイルは，フィードラーが開発したLPC

図表11-6　リーダーシップのコンティンジェンシー・アプローチ

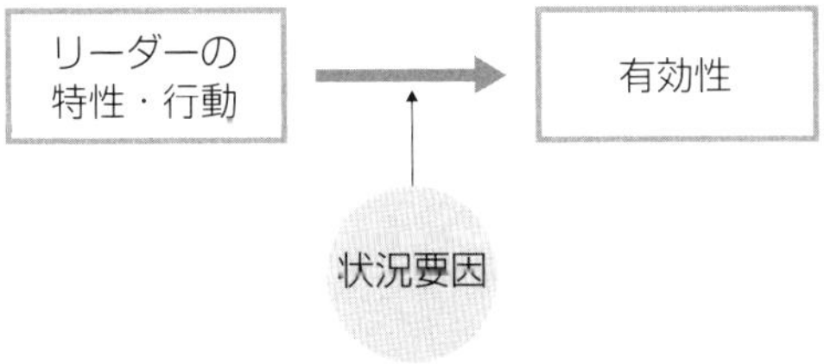

出所：著者作成

（Least Preferred Co-worker）尺度を用いて測定可能である。これは，被験者に「最も一緒に仕事をしたくない人と仕事をする場合どう対応するか」という観点の質問に答えてもらい，回答者の特性を「人間志向型」と「仕事志向型」に識別できるものである。また，リーダーの特性と適合関係を問われる状況の把握は，リーダーと部下の関係（良い／悪い），職務の構造化（高い／低い），職務パワー（強い／弱い）の観点から測定可能とされる。そこで，それぞれの測定結果から定量分析ができ，状況に応じてどのようなリーダーシップ・スタイルが有効であるかが定式化された。

集積したデータの分析によって発見されたのは，状況が普通の場合は人間志向型のリーダーシップ・スタイルが有効だが，望ましい状況／望ましくない状況は，仕事志向型のリーダーシップ・スタイルが有効である，ということである。フィードラー・モデルは，リーダーシップ研究に新たな視点を導入したとしてその後の研究に大きな影響を与えたことで知られている。

その後ハウス（House, 1971）は，フィードラーのコンティンジェンシー・アプローチをさらに精緻化し，**パスゴール理論**を提示した。

図表 11-7　フィードラー・モデル

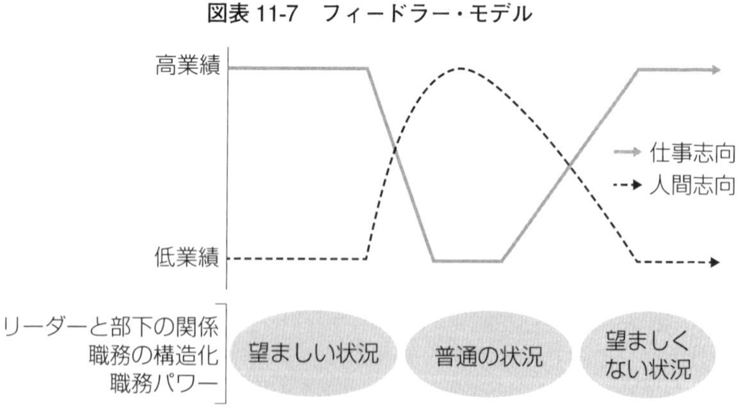

出所：フィードラー（1967）をベースに著者作成

ハウスによると，リーダー行動が部下の特性に適合すれば，また職場特性に適合すればするほど，成果を高める。部下がリーダーの指示どおりに動くのは，それが自分にとってプラスになると思うからである。しかも，効果的な職務遂行をすれば，リーダーが高い評価をしてくれる，ないし職務遂行に必要な支援・指導を積極的にしてくれるといったように，リーダーが適した道筋を示してくれるなら，部下にとってそれは，動機づけの起因になるというアイディアである。ハウスは，リーダー行動を指示型，支援型，参加型，達成志向型に識別し，同じリーダーであっても状況に応じて行動を変えることが必要であり，それは部下と職場の状況次第であると指摘した。この理論では，目標達成の道筋をつけることが有効なリーダーシップのあり方である，ということが示唆されている。図表11-8はその概念枠組みである。

また，新しい状況変数を入れたハーシー&ブランチャード（Hersey & Blanchard, 1977）のSL理論は，状況に応じて有効なリーダーシップ・スタイルがさらに別にあることを主張するものであった。しかもそれは，従来のスタイル論のベースである2次元モデルに変

図表11-8　パスゴール理論

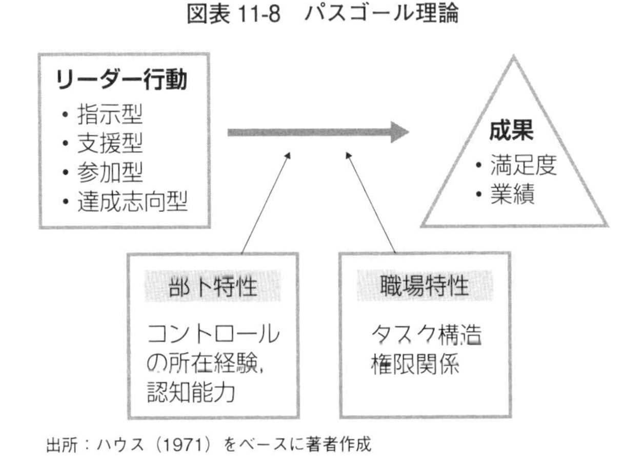

出所：ハウス（1971）をベースに著者作成

図表 11-9　SL 理論

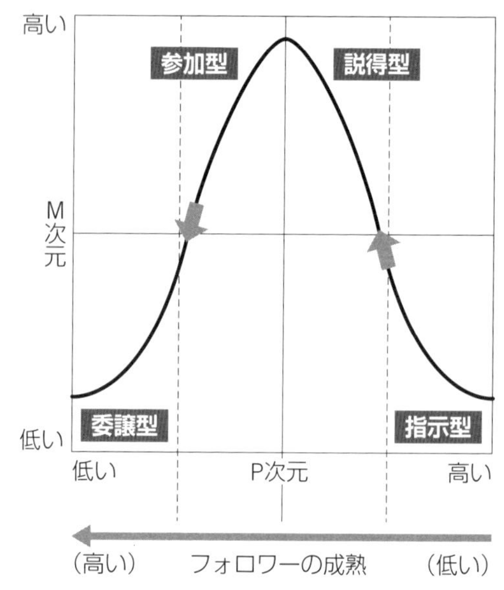

出所：ハーシー＆ブランチャード（1977）をベースに著者作成

化を表す時間軸を入れた3次元モデルである。

すなわち，図表11-9のように，人間中心軸（M次元）と仕事中心軸（P次元）に時間軸として部下の成熟度を組み合わせたモデルである。そして，部下が新人の第1段階から成長して成熟する第4段階まであると想定し，各段階で有効なリーダーシップのスタイルは異なることを主張した。

リーダーシップの状況論は，スタイル論がいかなる状況でも通用すると主張する唯一のリーダーシップ・スタイルに対して異を唱えるものである。そして，状況変化によって有効なリーダーシップ・スタイルは異なるはずだ，という想定から生み出された枠組みである。ただし問題は，状況の特定の仕方は多様であり，コンティンジェンシー・アプローチとSL理論でその違いがあるように，状況特性の捉え方が異なるため，実践的なインプリケーションは無数になってしまう。

6. さまざまなリーダーシップ論

1980年代以降になると，リーダーシップ研究の対象は職場レベルから組織レベルに変わった。それは，環境変化によって企業のあり方が問われるようになったからであり，換言すれば，企業組織全体の変革を成功させるリーダーシップが問われるようになったからである。したがって，生産性を高めるために職場のリーダーの役割が求められた時代から，組織の目標達成を実現するための経営リーダーのリーダーシップが問われるようになったと言える。このレベルのリーダーシップ論の代表例は，制度的リーダーシップと変革型リーダーシップである。

(1) 制度的リーダーシップ

組織の方向性を決定づけるのは経営トップであるが，彼らに影響を与える環境要因は制度的環境（法規制，文化など）である。制度と組織は，時間経過を前提にすれば相互に影響する関係にあるが，基本的には，定着した経済制度や社会制度のなかで組織が行動することからわかるように，制度→組織の関係である。

セルズニック（Selznick, 1957）は，目標達成の手段と捉えられていた組織に，制度的環境から価値が注入され，メンバーの強いコミットメントが伴えば，組織は機械的なものでなく価値ある存在になるため，そうなった組織を制度とよんだ。そのため，セルズニックによれば，リーダーの役割は組織に価値を注入し，制度化することである。すなわち，組織の方向性を規定し，メンバーに目標を明示し，それらを実現可能とする仕組みを具体化し，そして，制度としての一貫性を確保するために，制度環境の変化に注意を払うことである。具体的には，組織メンバーが共感して仕事にかかわれるように，経営理念を設定し，それを軸に意思決定することである。

経営者は制度的リーダーとも言える存在であり，組織を制度化し，生き物として存続させる役割が求められるのである。したがって，経営者の役割は，環境の変化に留意しつつメンバーが共感できるビジョンや目標，戦略を示すこと，そしてそれを実現する仕組み作りのリーダーとして力を発揮することに他ならない。

(2)変革型リーダーシップ

グローバル化とネットワーク化が進展するなかで，企業を取り巻く環境は，従来とはまったく異なる状況にある。経営環境が激しく変動するようになり，組織全体を持続的に成功させるには集団レベルのリーダーでは不十分で，経営リーダーのあり方が問われるのである。わが国でかつてみられた「おみこし型経営」がもはや通用しない厳しい環境のなかで，組織を成長・発展させるのに，経営トップの考え方がぶれるようでは問題外である。そのため経営トップに求められるのは，組織メンバーに納得いく将来ビジョンを示すとともに，それを実現するため，適切な組織変革をリードして達成することである。

しかし現実は厳しく，成功しているビジネスモデルでもやがて陳腐化する恐れがある。そこで経営トップは，環境変化への対応力を高めるとともに，将来の変化を読み解き，企業組織の変革をリードすることが期待されるのである。

こうした変革をリードする変革型リーダーシップの重要性を初めて指摘したのはバーンズ（Burns, 1978）である。彼によると，従来のリーダーシップ研究は，フォロワーに与える報酬（承認，昇進など）との交換に影響力を及ぼすスタイルに着目したものが主であることから，それらを**交換型リーダーシップ**（transactional leadership）として包括することができる。だがそれだけでは，組織構造の見直しにかかわるような問題に適用できない。そこで，不確実な環境のなかで組織を導いていくには，フォロワーの価値観や態度を変化させる**変革型リーダーシップ**（transforming leadership）が必要だと考えられる。すなわち，不確実性に対処するための変革型リーダーシップの必要性である。

またコッター（Kotter, 1990）によれば，経営リーダーは，従来から求められた階層組織の複雑さに対応する管理能力のみならず，環境変化に対応できる変革能力を併せもつことが不可欠である。そして具体的には，以下の手順で変革をリードすることが必要である。

すなわち，①変革ビジョンの創案，②変革を共有するコミュニケーションの促進，③コーチングで貢献の増大，④動機づけの支援である。コッターは，変革を推進する経営リーダーの重要性を明らかにするとともに，以上のように変革を成功させるためのプロセスを明示して，実践できるようにした。変革実現のために必要なことは，①緊急課題として認識，②強力な推進チームの結成，③ビジョンの策定，④ビジョンの伝達，⑤ビジョン実現に向けてメンバーをサポート，⑥短期的成果を上げるための計画策定・実行，⑦改善による成果の定着とさらなる変革の実現，⑧新しいアプローチを組織に定着させることである。

変革型リーダーシップは，伝統的な交換型リーダーシップ論では通用しない構造変革やメンタル面の変革を視野に置くものであり，1980年代から登場してきた議論だが，現実の環境変化は予想以上のものがあり，理論が現実に追いつけない状況とえる。したがって，まだ未解明な部分が多く，理論的には不十分だが，さらなる研究が期待される分野である。

(3) サーバント・リーダーシップ

組織において，リーダーがグループ（集団）を意図的に動かせるのは，パワーがあるからと言われる。ただし，職位に相応しいパワーが認められなければ，グループはリーダーの思うように動かない。職位のパワーは，経験や階層をベースとした情報格差からも生じる。しかし今日，ICT 化が進展し，部分的だが情報格差が解消されつつある。そのため，従来のような貴重な情報を基盤としたパワーはそう容易に確保できない。それではリーダーは，グループに影響力を行使できない。どうしたらよいのだろうか。そこで考え出され，実践的にも有効だと主張されているのがサーバント・リーダーシップ（servant leadership）という考え方である。

グリーンリーフ（Greenleaf, 1977）によれば，サーバント・リーダーのパワーの源泉は，道徳的行為，換言すれば良心的行為であり，良心によって集団（部下）を動かせるのである。良心をもつリーダーは，道徳的な言動によって部下にリーダーの志を実現させるような強いリーダーシップを発揮することができ，これがサーバント・リーダーシップのスタイルである。たとえば，高校野球などで「監督のために頑張る」といった言葉がよく聞かれるが，それは監督がサーバント・リーダーシップを発揮しているからに他ならない。

リーダーシップ論は，「リーダー→フォロワー→成果」の図式を前提に展開されてきたが，フォロワーがリーダーのために行動しやすいように，リーダーがそれをサポートするというサーバント・リーダーシップの考え方は，従来のようなリード役としてのリーダーでなくサポート役としてのリーダーの役割を主張する。つまりリーダーのあり方は，リーダー自体の問題だとする見方とは異なり，フォロワーに依存するものだとみなすことから，フォロワーに対してその実力を発揮させるようにサポートすることがリーダーシップの本質だとするものである。

近年，サーバント・リーダーシップの考え方を取り入れる企業が増えつつある。その共通点をみると，現場重視であり，それを象徴するのが逆ピラミッド型の組織図と言える。

(4) リーダーシップの代替性

伝統的に，組織においてリーダーシップは必須だとされてきた。ところが，組織の仕組みがきちんとしていれば，リーダーシップが不要な場合もある。これがリーダーシップの代替性という現象である。

組織メンバーにとって，組織の提供する仕組み・システム（キャリア形成，見通し，報酬）が良ければ良いほど，組織への一体感（組織の社会化，コミットメント，アイデンティフィケーション）が増す。そして，そうした一体感がアップすればするほど，職務パフォーマンスも上昇する。しかも，上司と部下との関係性が良ければ良いほど，組織への一体感と職務パフォーマンスは上昇する。したがって，組織にとって求められるのは，有効なリーダーシップでなく，きちんとした体制（仕組み）の整備とともに，良好な人間関係である。組織体制の整備は決定論から推定されるところであり，良好な人間関係は決定主体論から可能なロジックである。

組織のあらゆる部分でこうしたリーダーシップの代替性が実現できれば，リーダーシップのあり方は問題とならないのだが，現実はそうはいかない。リーダーシップの代替性は，構造を軸にした議論であるため，環境変化に自動的に対応できない。臨機応変に変化できる人間に取って代わることはまだ不可能である。ただし，限定された合理性のもとで行動する人間にとって，一部でもリーダーシップを代替してくれるものがあるのはありがたいことである。リーダーシップの代替性の議論はもっと進めるべきだが，人間の行うリーダーシップを超えることはできないことも認識しておきたい。

本章のキーワード

マズローの欲求段階説，動機づけ要因，衛生要因，X 理論，Y 理論，PM 理論，システム 4，リーダーショップのコンティンジェンシー・アプローチ，パスゴール理論，SL 理論，変革型リーダーシップ，サーバント・リーダーシップ

☑11章の気になるポイント

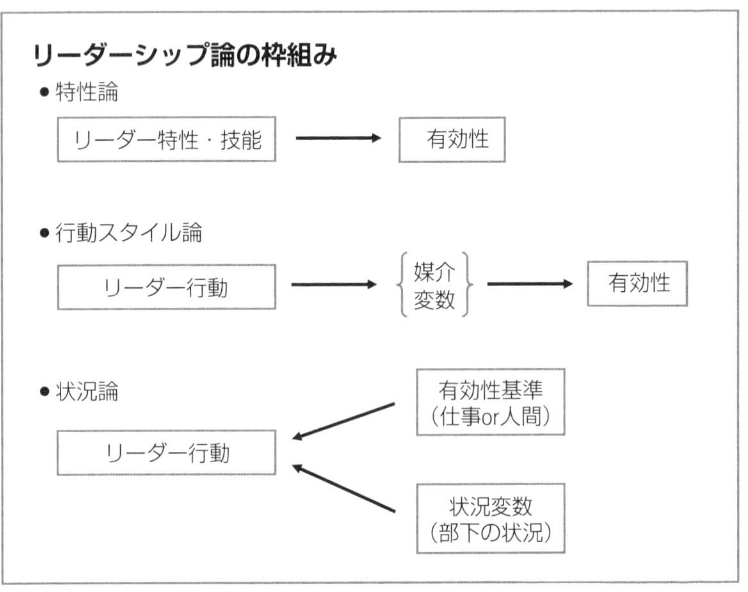

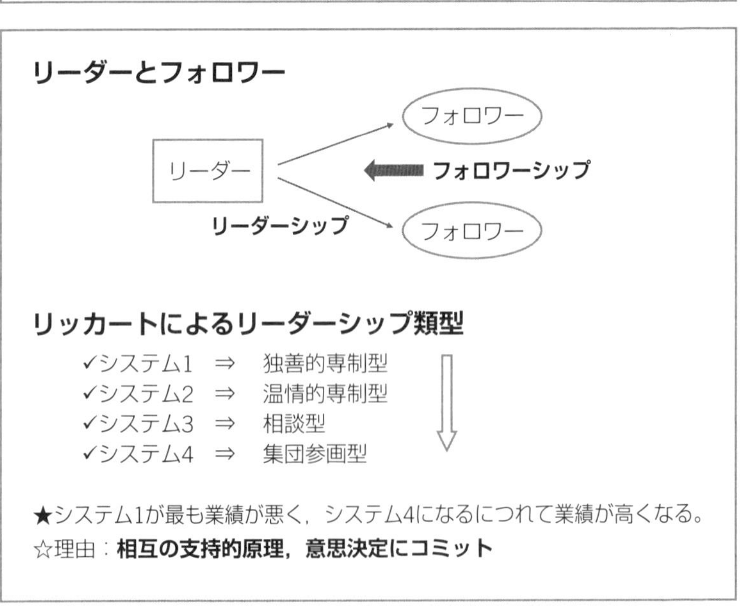

第12章 グループ（集団）とチーム

本章の 謎 解明

- グループの欠点をチームが克服できるのはなぜ？
- チームにいろいろな型があるのはなぜ？
- タスクフォースとプロジェクトチームが混同されるのはなぜ？
- チームの有効性が異なるのはなぜ？
- チームでなくチーミングの発想が求められるのはなぜ？

1. グループ(集団)形成の成否

グループは，個々人が相互にかかわり必要とする２人以上の人が集まっている現象を捉える用語で，組織と個人の中間レベルの概念である。そして，その形成の経緯から言えば，公式的なものと非公式なものに分けられる。公式グループは，組織において意図的に設定された仕事上のグループのことであり，たとえば，地域別営業グループ，製品別営業グループなど担当別の区分けが該当する。これに対して非公式グループとは，飲み仲間やゴルフ仲間といった気の合った者が自然発生的に集まって形成されるものであり，人間関係論を生み出したホーソン実験でその存在と特徴が明らかにされた。

グループは，それに所属する個々人に大きな影響を与えるものである。たとえば，公式グループの一員として初めて職務を担当する場合，グループから多様な影響を受けながら，仕事の進め方や上司とのかかわり方などについて学ぶことになる。しかも，仕事はグループ単位で行うことが多く，慣れてくると，アフターファイブ（勤務終了後）の飲み仲間や遊び仲間といった非公式グループに参加するようになる。

グループ分けの効率については，肯定と否定の２つの評価に分かれる。肯定的な見方の根拠は，メンバー間の協力・協働が起こるので，グループの方が個々人の労力より効率性が高いというものである。営業の場合，個人では範囲が限られるが，グループで手分けすれば１人よりはるかに広い範囲の営業活動ができる。日本の多くの工場でみられるQCサークル活動は，グループ活動を肯定する好例である。一方，グループ分けに対する否定的な見方の根拠は，グループだとメンバー間で足の引っ張り合いが起こりやすく，また誰かが犠牲になる可能性があるため，効率性は個々人よりむしろ低くなるというものである。これは，**グループ思考**（group think：グループ内の有力者の意見に頼って思考停止になってしまう現象）や科学的管理法が登場する以前の組織的怠業，ホーソン実験で明らかになった非公式グループによる圧力の事例からも納得のいく点である。

したがって，グループ自体は潜在的に良い面も悪い面も併せもっているため，グループ分けする際には良い面が出るようにする必要がある。その成否のカギを握るのがグループ・マネジメントである。グループをうまく活用するためのグループ・マネジメントを実現するには，グループに対する知識や理解が求められるのは言うまでもない。ただし問題は，誰がグループのマネジメントをするかである。

したがって，グループを運営する場合，その欠点が出ないようにすることが求められるのである。そこで重要になるのがグループにおけるリーダーシップである。

2. グループの変容と成果

グループは，まず人々が集まることから始まり，意図的に形成されるものや自然発生的に形成されるものなど，その形成プロセスは多様である。そして，それがさらに発展するもの，停滞するもの，衰退するものなど，その変容もいろいろである。

グループ構造は，2人の場合双方向の関係だが，3人以上になると，リーダーとフォロワーの関係，リーダー同士の関係，フォロワー同士の関係など，関係性の組み合わせは複雑になる。一般的に，こうしたグループのメンバー関係（グループ形態）は，チェーン型，ホイール型，全方向型に分けられる。ところが問題は，それが状況により変化し，固定しない点である。

会社の公式グループの場合，会社の設定した部門・課というグループに人々が集められ，そこで与えられた仕事をメンバーが協力してグループ機能を発揮することが求められる。この場合の形成プ

図表 12-1　グループ形態

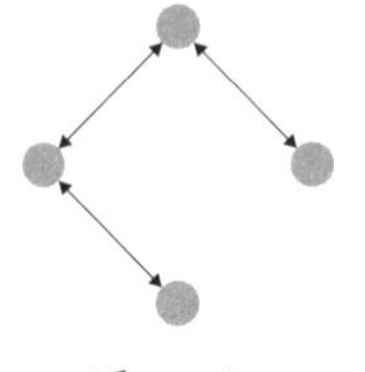

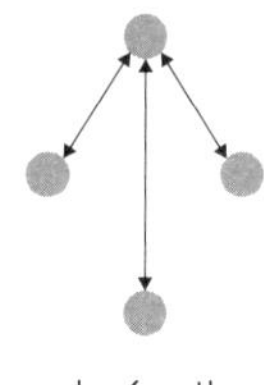

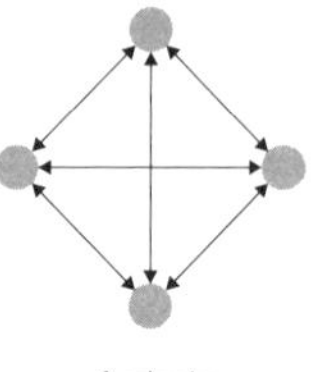

チェーン　ホイール　全方向

出所：著者作成

ロセスは，グループの目標，構造が明確になって行くに従い，目標の達成に向けた方法論をめぐる混乱も生じるが，次第に誰がリーダーシップを発揮すべきかが明確になる。グループの方向性とリーダーがはっきりすると，構造も定着してメンバー間で一体感が増し，グループは機能するはずだが，環境変化が激しい場合，柔軟に対応できない。そうなると，グループは存在意義を失い，解散の可能性が高まる。

グループが形成後に発展（量的，質的）することは，グループの有効性と関係するのだろうか。グループの有効性は，グループ目標の達成度を意味する。それゆえ，グループの発展に応じて自動的に有効性が高まるとは一概に言えない。なぜなら，一体感が増しても必ずしもグループが良い成果を出せるとは限らないからである。グループのリーダーに最も求められることは，グループが現在どのような状況にあるかを認識することである。それを間違うと，グループの良さを引き出せない。

3. グループ行動の特質

グループ行動は，メンバーの役割分担を通じて展開される。役割とは，グループのなかで個人に期待される行動パターンである。実際の生活において，個人はいろいろなグループに所属しながら自分の役割を認識し行動している。たとえば，職場での役割，ボランタリー・グループでの役割，研修グループでの役割などさまざまである。しかし，時には期待に沿えない行動をとってしまい役割コンフリクトが生じることもある。職場における**役割コンフリクト**は，ある人がグループ・リーダーに抜擢された場合，それが本人の思い（リーダーに適さない）に反していることから生じる。

グループ内の役割は，公式グループで意図的に設定される場合のものと，非公式グループでみられるように自然発生的に生まれるものがある。公式グループでは，誰かの意図が反映されるため，役割コンフリクトが生まれやすいが，非公式グループでは，自他ともに認めることから役割が決定されるため，役割コンフリクトは起きにくい。

グループ行動は，①行動規範，②ステータス，③凝集性の点で個人行動と異なる。**行動規範**は，グループのメンバーが共通認識して，行動に反映させなければならない基準である。これは，たとえば，営業活動や生産活動に反映するとともに，仕事のやり方や休暇のとり方にも影響する。大学のサークルにおいてもみられるが，伝統あるサークルと新規のサークルでは行動規範の浸透度が異なる。もちろん古いほど浸透度が高くなり，これがまたサークルとしての存続可能性を高めているとも言える。また，科学的管理法を生み出すきっかけとなった組織的怠業は，グループの行動規範を反映したものと言える。

それぞれのグループに特有な行動規範がある一方，すべてのグループに共通する行動規範もある。たとえば，服装，挨拶，業績評価に関するものである。服装に関して言えば，かつてIBMの社員は皆ブルックスブラザーズのスーツを着ていたという伝説を残している。しかし，現代のIBM社員の服装はさまざまである。と言うことは，行動規範は時代の変化にともない変化することもありえる。

グループ行動の特質を形成する**ステータス**とは，基本的にグループ内における地位のことだが，威信も表す。たとえば，部族の長はステータスのある存在である。公式グループと非公式グループを問わず，ステータスは技能や経験から付与されることが多い。ステータス自体はグループのメンバーが認識するわけであり，基本的に非公式なものである。しかし，組織内の公式グループにおけるステータスは，一種の序列を表しており，公式的なものである。

グループ行動は，まとまりの良い場合とそうでない場合がある。前者は役割が明確で**凝集性**が高いグループである。凝集性は，メンバーがそのグループに留まろうとする程度を意味し，グループ行動の特質を表す重要な概念である。グループの凝集性が高くなるのは，次のような要因の影響からである。すなわち，①一緒にいる時間が長い，②他からメンバーに入るのが難しい，③規模が小さい，④外からの脅威がある，⑤グループとしての成功体験がある，ほどグループの凝集性は高くなるのである。しかし，凝集性が高いほど生産性が高いとは必ずしも言えない。実際は，仕事成果に対するグループの行動規範に左右されるのである。高い仕事成果を要求する行動規範がある場合，凝集性が高ければ生産性も高いが，仕事成果をほとんど求めない行動規範の場合，凝集性が高くても生産性は低いのである。

4. グループの欠点を克服するチーム

グループが形成されるのは，個人的に行動するより効果があると想定されるからである。一般的にグループ行動の利点として挙げられるのは，①多くの情報，知識，アイディアを活用できる，②行動結果の受容性や正当性が高まる，ということである。その一方，決定に時間がかかる，責任所在のあいまいさ，思考停止（グループ思考）といった欠点も指摘される。そのため，グループ行動に利点があるとは言え，欠点の表面化が避けられないグループの活用いかんは，組織において絶えず問われる課題となっている。

そこで，組織において人の集まりという点ではグループだが，○△チームという名の下でチーム編成されることが多い。それは，グループの欠点を解消しようとして考案された特殊な集合体である。とは言え，グループとチームでは本質的に何が違うのだろうか。

グループ分けして活動させるのは，個々人でバラバラに作業をするより，グループ単位で作業すれば分業の効果をより発揮できるためである。グループ活動なら，すでに指摘したようにメンバー間で知恵を出し合い，相互に手助けできるなど，効率性がアップできることが想定される。しかし，グループ思考などグループのもつ欠点は避けられないため，それを克服できる体制として，チームという編成が考案されたのである。

グループの特殊形態であるチームは，単に上から与えられた作業内容を個々人が分担してこなすのでなく，変化する状況と作業に柔軟に対応できるよう，メンバー同志で作業手順の見直しなどができる人の集まりである。たとえば，プロのサッカーチームやバスケットボールのチームは，試合に勝つため状況に応じてメンバー間で技能を生かしながら，プラスのシナジー効果を発揮し柔軟に協働する特性をもっている。こうした種類のチームは，もし試合に負ければその責任は共同であるため，勝利目標を達成する途中で状況が変化する場面に直面すると，それに対応できるチームワークを柔軟に再編することが許容されている。そのため，硬直傾向のあるグループ編成とは根本的に異なる人の集まりと言える。企業組織において，環境変化が激しい業務の場合，グループ対応よりチーム対応が求められるのは，以上のことから理解できる。

要するに，グループとチームの違いは，大まかに言って，命令された仕事の課題に対して受動的に対応するか能動的に対応するか，といった取り組み方にあると言える。その具体的な違いは，図表12-2で表されよう。

図表 12-2　グループとチームの比較

	グループ	チーム
目標	情報共有	協働
構造	硬直	柔軟
責務	個人	共同
技能活用	バラバラ	相補的
相乗効果	中立	プラス

出所：著者作成

グループよりチーム形態の方が良いと言っても，チーム編成の仕方はさまざまである。たとえば，**タスクフォース**は，緊急事態に対応するため招集されたチームで，事態が解決したら即解散というように，変化に対する迅速対応を意図したものである。また，**プロジェクトチーム**は，設定された課題解決のために各部門から専門家を集めてその力をトータルに引き出そうとするもので，チームの良さを典型的に表すものである。カルロス・ゴーンが日産自動車復活の起爆剤として結成した**クロス・ファンクショナル・チーム**はその代表例である。

チームの利点は，人を集め，配置し，方向づけを適時見直し，解散することも迅速にできることである。そして，チームは目標を共有し，責務は相互に，そして技能の活用は相補的である。それに対して，常設のグループは，目標は単なる情報共有であり，個々で責務をもち，仕事を有効かつ効率的に行う。また個々人のもつ技能の活用も人それぞれである。

仕事をチームで行う例はいろいろある。製品設計，サービス提供，取引交渉などにおいて，特定の目標達成を意図したプロジェクトチームである。仕事チームは実践的に広く活用されており，それを類型化すると，問題解決型，自己管理型，クロス・ファンクショナル型，バーチャル型である。

問題解決型のチームは，業務活動の改善や業務上の課題を解決するために，同じ職能部門から人が集められたチームである。チームメンバーは，効率的でない業務プロセスや仕事の仕方を改善できるよう，お互いにアイディアを出して共有する。ただし，その実行まで権限が与えられることはない。そのため，問題解決型のチームは，業務の意思決定に関与することができない。

そうした問題点を克服するために生み出されたのが自己管理型のチームである。これは，業務のすべてに責任をもち，業務を完結するチームである。そして，業務計画からスケジューリング，仕事の割り振り，業務の意思決定とコントロールなど，業務活動全般に関する管理にも責任をもち，業務目標をチームとして達成することを意図したものである。アメリカの大企業の50%近くがこの型のチームを活用していると言われる。

クロス・ファンクショナル型のチームは，各部門から専門知識をもつ人を集めて，課題を達成するチームである。日産自動車の場合，設計，開発，製造，マーケティングなどの部門からそれぞれの専門家を招集し，新車開発に従事させたケースである。また多くの総合病院で，この型のチーム編成を行っている。すなわち，専門医，看護師，薬剤師，ソーシャルワーカー，栄養士などが特定の患者の治療に当たる場合である。

バーチャル型のチームは，共通目標を達成するために，情報技術を活用して，所在地域が異なるメンバーを結んで，活動するものである。インターネット網を使ったメール，テレビ会議，ウェブサイトを活用してオンラインで仕事を行う。この型のチーム活動は，情報共有，意思決定，仕事の遂行などがスムーズに行えるが，直接対面を通じた微妙な意見交換ができないため，メンバー同士の交流や信頼関係が不十分で，仕事だけのチームになる可能性がある。

5. チームを有効にする影響要因

チーム編成がされるのは，個々人が仕事を進めるより効果的な状況にあると判断されるからであり，場合によっては個人でやった方がよい場合もある。また，チーム編成はいろいろな組み合わせが可能であるため，その形態や構造が異なり，上記のように，仕事を行うチームは多様である。では，有効なチームになるにはどのような条件が必要なのだろうか。

近年欧米で，チームの有効性に関する研究が盛んになり，有効な要因が次第に特定されつつある。チームの有効性とは，一般的に，チーム活動を通じた職務目標の達成度のことであり，さまざまな要因の影響を受けてチームの有効性が決定される。今日，一般的に挙げられている要因は，図表12-3のように，チーム活動を支える背景，メンバー構成，職務目標，職務内容，仕事方法である。もちろんこれらの要因が異なれば，チームの有効性も異なる。

また，チームの有効性を高めるためには，以上の他に適切な経営

図表 12-3　チームの有効性モデル

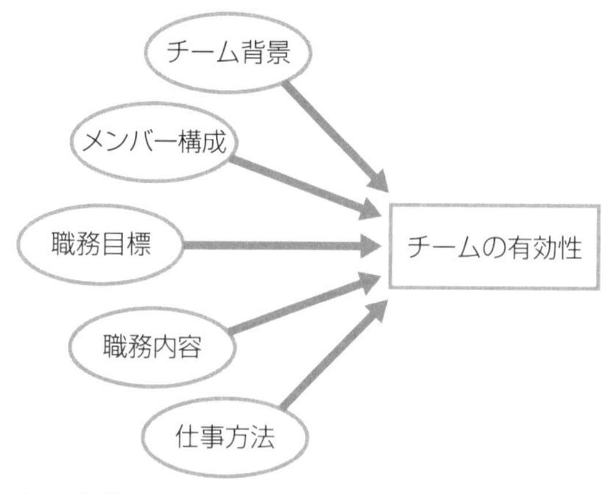

出所：著者作成

資源が必要である。具体的には，状況に応じた情報，適切な人材・設備・予算などである。また，メンバー間で仕事の負担や共同作業，業績評価と報酬などについて合意がないとチームは本来の機能を発揮できない。そして，それらをうまく調整し，チーム活動が組織的に行われるようにするためのリーダーが必要である。ただし，メンバー間ばかりでなく，リーダーとメンバーとの間にも**信頼**関係がなければ，チームの有効性は高まらない。すなわち，チームの有効性は，チーム内の信頼関係に大きく影響される。信頼がなければ協働活動は容易でなく，相互の監視など無駄な時間と労力を要してしまうが，信頼があれば，チームの結束力が高まり，不要なことに労力を費やすことが避けられるのである。

チームの有効性は，どのようなメンバーで構成されているか，その規模にも影響される。しかも，メンバーの力量が偏らず，バランスがとれていることが必要である。つまり，技術的な専門知識能力，意思決定能力，対人関係能力などをもった人がバランスよくメンバー入りすることであり，換言すれば，チーム内に多様性をもたせることである。

チームの課題が明確で職務との関連が容易にできて，それを達成するための職務が体系だっていれば，チーム活動もしやすい。そうなれば，職務目標を具体的なものに落とし込んで，それを達成するための職務内容も特定化できる。言うなれば，目標達成の道筋が明確になればなるほど，リーダーにとっても，メンバーにとっても，確信をもってチーム活動ができるわけである。

具体的な仕事方法は，共通目標が確定できれば，ステップ・バイ・ステップで共同作業を行うことができる。その過程において，想定外の出来事に直面してメンバー間でコンフリクトが生じるかもしれないが，お互いに信頼関係があれば，それも最小に抑えられるはずだ。そのときに調整という重要な役割を期待されるのがリーダーであり，これも信頼を得ているリーダーならうまくこなせるはずである。

いずれにせよ，有効性の高いチームでは，これらの影響要因をチームメンバーが共通認識しており，しかも行動結果に連帯的責任を負う心構えがメンバーに浸透しているのである。

6. チーミング(teaming)による効果

以上から，グループでなくチームの方が効率性の点でよく，しかもチームの有効性に影響する要因が研究され，どのようなチームづくりをすべきかが判明しつつある。しかし，実際のチーム活動においては，当初の想定した環境状況とは異なる事態に陥ることもあり，必ずしも設定したチームが高い有効性を発揮するとは限らない。その原因は，チームの捉え方が静態的であるからである。つまり，環境状況の激変を想定しないモデルであるため，状況変化に適応できないのである。そこでチームを動態的に捉えるためにエドモンソン（Edmondson, 2012）によって生み出された概念が**チーミング**（teaming）である。

従来から使われてきた「チーム」という言葉は名詞であり，特定の状況にある現象を描いているにすぎない。つまり，単なる人の集まりであるグループとは異なるとは言え，目標達成を意図した人の集まりをチームという概念で捉えているにすぎない。これに対してチーミングは，動詞であり，固定された人の集まりでなく，動的な活動をする人の集まりを描く概念である。エドモンソンによれば，スポーツ競技にみられる休む間もないチームワークという考え方やその現象から生み出されたものである。

チーミングは，安定した構造をもたず，メンバーが協働することをイメージさせる。たとえば，病院における治療や看護はチームで行われるが，その実態は休む間もない活動であり，メンバーも構造的に固定されるわけでない。こうした状況を表す用語としては，チームよりチーミングの方が相応しい。

近年，環境変化がますます激しくなるなかで，伝統的な安定志向のチームの発想では，企業の職場においても有効性を発揮するには十分でない。その場合，チーミングの発想でチーム編成をなすことが重要である。固定的でないということは，環境変化を認識し，それに対応していくための学習を積み重ねることを意味する。そのため，チーミングは別の観点からみれば，**組織学習**の一環だとも言える。変化する環境のなかで，組織が成功を収めるために学習が必要なことは，すでに広く知られているところである。組織学習において，その原動力がチーミングにあるとすれば，この概念が組織にとってきわめて重要なことがわかる。

以上から，チーミングを学習プロセスとみることが可能であろう。そうであれば，チームメンバーは，コミュニケーションを通じて協働するなかで，常に新しい知見に遭遇し，それを咀嚼し，自分のものにするという繰り返しの学習をしていると言える。すなわち，チームでの学習は，状況認識→話し合い→意思決定→行動→反省・省察のサイクルであり，このサイクルを絶えず繰り返し，知見を高めていくのである。

エドモンソンは，効果的なチーミングにするには，チーミングのプロセスにおいて次の行動が特に必要だと指摘している。すなわち，①率直に意見を言う，②協働する，③試みる，④省察する，である。

しかし，チーミングの発想は，実務においてまだ十分に浸透していないようである。とりわけわが国では，チーム力の向上，チームワークの効果を個々人が実践・体感して，チーム活動について世界的にもリードしていると自負しているため，チーミングというチームに関する新たな発想に関して鈍感なのかもしれない。

本章のキーワード

クループ，非公式グループ，グループ思考，チーム，
クロス・ファンクショナル・チーム，プロジェクトチーム，
チーミング

☑12章の気になるポイント

グループ（集団）力学

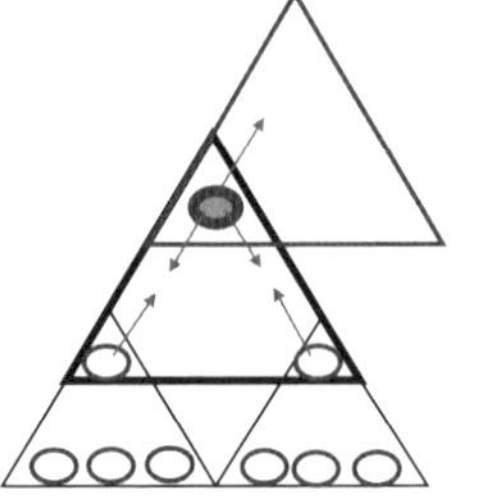

★集団のリーダーは**連結ピン**として
他集団とのバランスが求められる

成功チームと失敗チームの分岐点

✓メンバー相互の心遣い，配慮，共感，信頼
✓チームリーダーによる公正な評価，フィードバック
✓経営トップの支援

マネジメントチーム

ペンローズ（Penrose:1914-1996）によると，
仕事の共有体験から，
仕事を任せても安心できる人で構成されるマネジメントを行う集団。

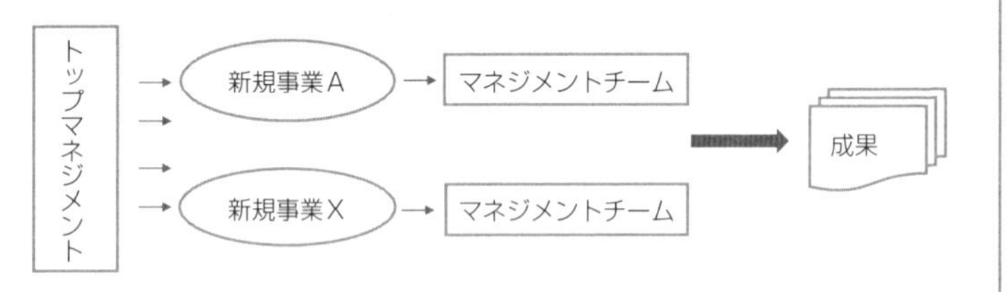

★新規事業を複数展開するとき，
それぞれマネジメントチームを欠くと，
組織はマネジメントコントロール不能となり，
計画は実行に移されない

第13章
経営トピックス：さまざまな謎

本章の謎解明

- 損益分岐点のなぜ？
- 組織文化のなぜ？
- 組織学習と知識創造のなぜ
- 組織変革のなぜ？
- CSR 経営と ROE 経営のなぜ？

1. 企業経営において損益分岐点を理解することが必要なのはなぜ?

企業経営において「儲ける」ということは，収入から費用を差し引いた部分がプラスになることを意味する。収入は，企業が提供した製品・サービスが売れることで実現し，費用は固定費と変動費から成り立っている。どれくらい売上収入があれば利益が出るかを知ることができれば，目標が立てやすいはずである。

損益分岐点とは，利益がマイナスからプラスに変換する時点のことで，通常，利益ゼロになるときの「売上高」，つまり，売上高＝費用（利益＝0）として捉えられる。したがって，売上げ（販売数量）がこれよりも増えた場合に黒字になり，これよりも減れば赤字になる時点であるため，経営者にとっては必ず知っておく必要がある。

費用を構成する固定費は，売上高に関係なくかかる費用であり，変動費は，売上高がゼロならゼロだが，売上増加に比例して（変動費率）増加する費用である。したがって，当初は固定費が必ずかかるため赤字だが，売上が上昇するにつれ赤字が解消され，ある時点を越えると黒字に変換する。これが損益分岐点であり，事前に計算して予想できる。そのため，経営者にとっては将来の事業展開を想定する際，最も重要視しなければならない数字である。しかも，損益分岐点を越えると経営の世界は地獄から天国の世界になると言われる。なぜなら，損益分岐点を越えて売上高が20％アップすると，利益はそれ以上の上昇率を実現できるからである。その秘密は，売上高が上昇しても，基本的に固定費は変化せず，変動費のみが変動費率分のみ上昇するからである。

図表 13-1　損益分岐点

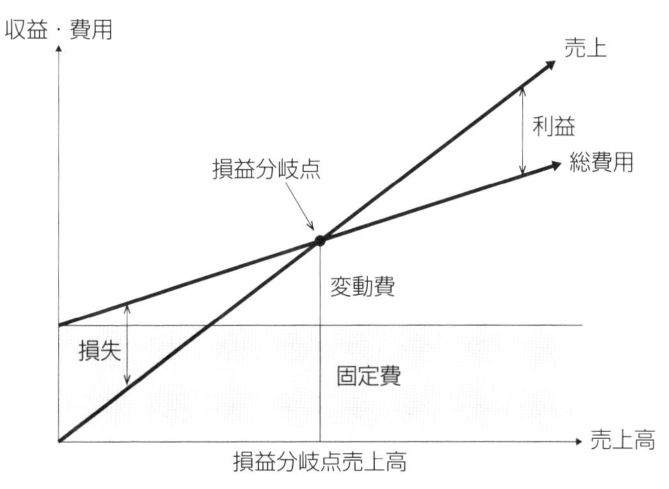

出所：著者作成

以下のような簡単な問題例を使ってこの仕組みを考えてみよう。

問 1：A 社は，売上高 1000 万円のとき，変動費 500 万円，固定費 400 万円で利益 100 万円を計上。もし売上高が 20%アップしたら利益はいくら上昇するのか？

答：売上高－費用（変動費＋固定費）＝利益の式に，売上 20%アップの数字（1000×1.2）と変動費／売上（変動費率＝0.5）で計算した変動費（1200×0.5）を当てはめると，1200－（600＋400）＝200 万円，よって利益は 2 倍。

問 2：A 社の損益分岐点となる売上高はいくらか？

答：損益分岐点の売上高 X とすると，その場合の利益はゼロなので，X－（0.5X＋400）＝0，よって X＝800 万円。

損益分岐点の分析からわかることは，利益を獲得するには2つのアプローチしかないことである。すなわち，①売上のアップ，②費用の削減である。不景気で売上を伸ばせなくても利益を上げる企業があるが，それは費用を削減したからにすぎない。なかには，利益のために人件費（固定費）まで削る企業もある。景気の良いときは，売上のアップで利益確保を狙う企業が多い。利益の上げ方は，企業次第であり，儲け第一主義の場合は，常に売上アップと費用削減の両面作戦を無理してとることになる。

2. 組織文化がメンバーに悪影響する場合があるのはなぜ?

組織文化が議論されるようになったのは，1980年代に入ってからであり，日本企業がエレクトロニクス製品や自動車製品で欧米を席巻したからと言われる。しかも，1982年の『ビジネスウィーク』誌での企業文化特集号，ピーター&ウォーターマン（Peter & Waterman, 1982）による世界的なベストセラーとなった『エクセレントカンパニー』，83年には『フォーチュン』誌でも企業文化特集号が矢継ぎ早に発刊されたからである。それ以降，アカデミックの世界でも，組織文化が企業の業績に大きな影響を及ぼすことが共通認識されて研究が進み，一種の流行現象になった。とは言え，流行はいずれ廃るもので，90年代になって，欧米企業がIT分野を軸にイノベーションを起こして復活するにつれ，次第に組織文化への関心も薄れていった。

組織文化の何が問題とされ，それがどのように活用されたのだろうか。企業は同じ業種でも違いがあると皆が感じている。同じような製品でも作り方自体も異なる。この問いかけに対しての答えの1つが組織文化である。多くの人が感じる違いについて，どうして違うかを説明する組織文化研究として大きな影響を及ぼしたのが，シャイン（Schein, 1985）による組織文化の構造論である。シャインは，組織文化には見える部分と見えない部分があることを指摘するが，それは，氷山の喩えとして想定するとよくわかる。見える部分としての人工の産物（artfact）レベル，見えない部分だが議論の余地がある価値観（value）のレベル，そして議論の余地がない基本的前提（basic assumption）のレベルである。

図表 13-2　文化の 3 レベル

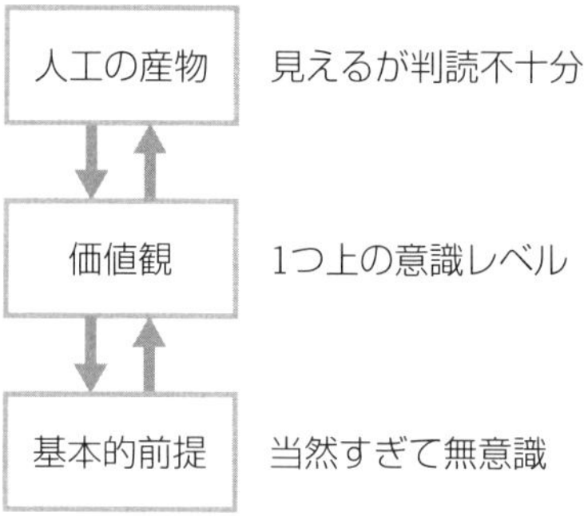

人工の産物　見えるが判読不十分

価値観　1つ上の意識レベル

基本的前提　当然すぎて無意識

出所：シャイン（1985）p.14 より作成

シャインによると，文化とは経験によって抽出された抽象概念だが，そのことから組織現象の何らかの理解を得るには，文化を皮相的なレベルで単に理解するのでなく，より複雑な深層レベルまで深掘りして，文化の前提や価値観の理解をすべきとしている。

組織文化は，メンバーが外部環境に適応しつつ組織内部の統合問題に取り組むプロセスにおいて，彼らが学習し共有する基本的な前提を認識するパターンである。こう定義づけできれば，組織文化が効果的に機能するものだと適切に捉えられるため，新規のメンバーに対し，組織の問題に接した際に，それを認識し，思考し，解決策を見出す際の適切な手段として提示できる。つまり，組織文化は，従業員に認識方法と行動様式の共有を迫るものである。

従業員は，仕事を通じて自社の歴史，慣例，逸話（ストーリー）などを日常的に体感し，自分のものにしていく。会社の歴史は，節目ごとに，経営者から先人の残した成功や失敗の事例を語られ，従業員皆がそれらを共有するに至る。スリーエム（3M）社のポストイットの開発ストーリーや，アップル社の創業者スティーブ・ジョブスの仕事の取り組み方などは，組織文化を語る代表例として会社の枠を超えて広がっている。

こうして，組織文化は従業員に浸透するにつれ，その行為に大きな影響を与える。とりわけ，強い組織文化をもつ場合はなおさらである。すなわち，基本的な前提や価値観まで共有されるような組織文化は，表面的な部分しか共有していない弱い組織文化と比較して，従業員に対して大きな影響力をもち，行動様式を規制するのである。

また組織文化が強くなると，マネジャーの意思決定にも影響を与える。経験豊富なマネジャーは，会社の行動規範とともに組織文化が埋め込まれるので，意思決定に迷うことはなくなる。会社にとっても，強い組織文化をもつようになると，戦略の実行が容易になるというメリットを享受できる。

ただし，組織文化が強くなればなるほど，組織の硬直化が進むため，環境変化に適応できなくなる可能性が高まる。組織文化の強化という，会社にとってはプラスになると思われることが，結果的にマイナスになるというパラドックスが顕在化してしまうのである。

かつてAT&Tの組織文化の強みは，全米各地に「普遍的なサービス」を提供することにあり，地域差なく電話サービスの提供に励むことが奨励されていたため，政府による通信業界の規制緩和が進められ未体験の競争状況に直面すると，コスト面でその文化がかえって弱みとなってしまった。またローシュ（Lorsch, 1986）によれば，成功企業には，戦略に影響を与える強い組織文化が存在するが，上級マネジャーがこれに強いコミットメントをもつほど，戦略の変化が阻害される。ローシュの例では，海外進出しても失敗してしまうと，上級マネジャーは国際的な業務拡大が自社の能力を超えていると認識し，海外での新たな成長機会への挑戦に抵抗するようになるのである。

以上から，組織文化の見える部分から見えない部分まで，従業員に浸透すればするほど，従業員は文化に影響されることになるとともにそれに縛られるのである。このことは，経営陣にも当てはまるため，企業にとって組織文化の扱いは慎重であるべきだと言えそうである。

3. 組織学習論と知識創造論が統合されないのはなぜ?

マーチ＆オルセン（March & Olsen, 1976）は，組織内の個人が信念に基づいて行為すると，それが環境の変化をもたらす組織の行為になるというサイクルを組織学習とみなした。これは，個人学習が起因となって組織学習に至るという見方であり，個人の行為の積み重ねが各メンバーに蓄積され，それが結果として，組織学習になるのである。

図表 13-3　組織学習のサイクル

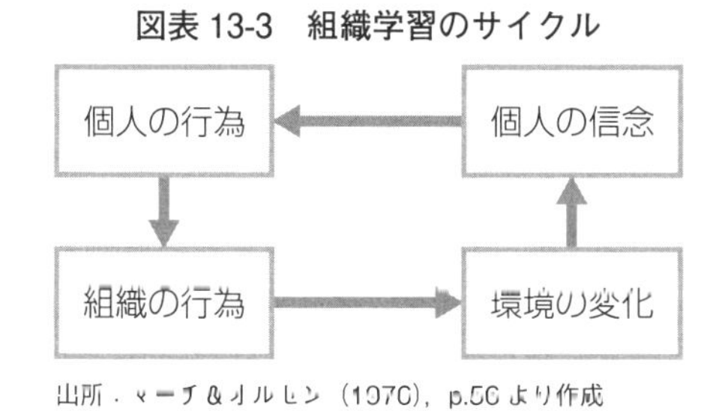

出所：マーチ＆オルセン（1976），p.56より作成

また，アージリス&ショーン（Argyris & Schön, 1978）によると，組織学習が生ずるのは，組織メンバーが，組織のために学習代理人として行為する結果であり，**シングルループ学習**（single loop learning）と**ダブルループ学習**（double loop learning）に分けられる。前者は，組織の実用する理論（theory in use）を用いて当面の政策に基づく目標を達成する上で，当該理論の誤りがあれば，それを発見・訂正する学習プロセスである。具体例としては，「サーモスタット」のような基準値に合わせる学習が挙げられる。後者は，実用する理論の大きな誤りが発見されたときに，その理論の中核を守るためではなく，理論的基盤となっている諸規範，およびそれと関連のある戦略や仮説をもとに既存の実用理論の枠組みを見直し，新たな理論枠組みを形成する学習プロセスである。したがって，組織の誤りが基本的な政策や目標の修正によって訂正されるときに，ダブルループ学習が生起すると言えるのである。具体的には，自前主義からファブレスにビジネスモデルを変換する学習である。

その特徴から，シングルループ学習からダブルループ学習に転換することは，実際には容易でない。しかし組織学習は，学習→学習棄却→再学習というプロセスをとるため，転換の可能性はある。

個人にせよ，組織にせよ，学習するということは，結果的に知識を得て，それを蓄積することである。しかし，学習プロセスにおいて多様な情報の処理も行わなければならない。情報と知識の違いは，一般的に，何らかの表現（文字・図表など）を通じて伝えられる内容が情報であり，それを加工して考えるときや行動の際に使えるものが知識である。それゆえ，知識は情報ベースであると理解される。しかし，知識は形式的な情報だけから生まれるわけではない。形では表せない，また伝えることが困難な暗黙知が形となって形式知に変換されることもある。この点に着目して生まれたのが，野中・竹内（1985）による知識変換のプロセスを明らかにした**知識創造論**である。

図表 13-4　SECI モデル

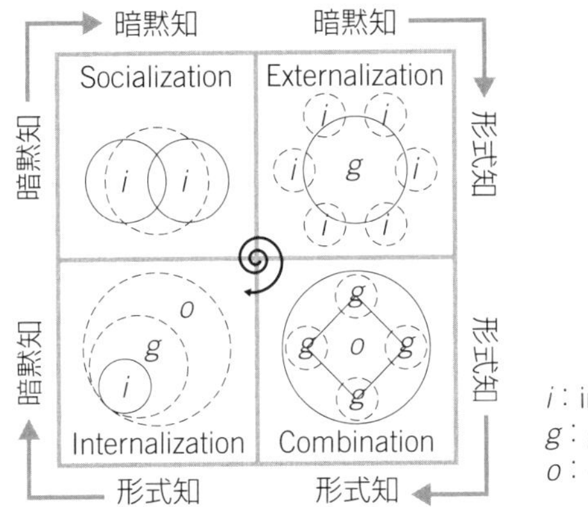

出所：野中・紺野（1999）p.122

個々人の暗黙知がメンバー間で共同化（Socialization：暗黙知→暗黙知）すると，次にそれを表出化（Externalization：暗黙知→形式知）する変換プロセスが起こる。具体的には，新製品のコンセプトを明瞭にする場合や熟練技能をマニュアル化するプロセスである。そして，分散している形式知を知識体系として統合し，新たな形式知を創造する連結化（Combination：形式知→形式知）のプロセスが起こる。ここでは，新しいコンセプトの創出とその正当化やデータ分析による新しい意味の発見などがある。その後は，実践行動を通した学習によって，知識を内面化（Internalization：形式知→暗黙知）するプロセスに入る。形式知の結合だけでは知識ベースを拡大できないため，形式知を共有可能な形式で個人の暗黙知に再変換することが必要なのである。

つまり，共同化で暗黙知を共有し，表出化で対話や思慮を通じて新しい概念を創出し，連結化で既存の形式知と組み合わせて知識の体系化を行う。そして，内面化で行動学習を通じて形式知を具現化し，新たな暗黙知として定着させていく。この循環で起こる知識スパイラルは，個人を起因に，グループ，組織，組織間レベルにまで増幅し，再び個人に内面化される変換プロセスを経るが，組織の自律性やカオスといった要因が影響して，その変換スピードは異なる。

以上のような，共同化→表出化→結合化→内面化という知識変換の相互作用プロセスは，組織的に体系化できるものであり，知識変換プロセスの各頭文字をとって**SECI（セキ）モデル**と通称されている。このモデルは，知識を生み出す，蓄積するという点で共通する組織学習論と何が違うのだろうか。組織学習は既にみたように，個人学習の成果が共有されるプロセスであり，それをさらに拡大した組織間学習も現象としてみられる。拡幅していく点では同じであり，組織学習論者のなかには，知識創造論は組織学習の一部だと捉え，組織学習のモデルこそ，組織のイノベーション現象を説明できると主張するものもいる。

こうした傾向について，野中・竹内（1996）は，組織学習に関する欧米の研究には次のような致命的な欠点があると指摘している。第１に，組織学習論の多くは，刺激一反応の単純な行動主義的パラダイムに基づいているため，「知識を発展させることが学習」という見方を欠いている。行動主義的パラダイムでは，学習主体の視点を欠き，知識の転移や強化を想定するだけで，学習プロセスの解明が不十分である。第２に，組織学習論者の多くは個人学習の枠に留まり，個人学習と組織学習との関係が明確でなく，また，組織学習を構成する要素が包括的に扱われていない。第３に，学習概念は既存の知識を内面化させることを意味するため，技術的イノベーションなどの創造的行為を説明することができない。最後に，組織学習論者の多くが，学習棄却の困難さを指摘している点である。知識創造論によれば，絶えず知識を生み出すことが可能であり，学習棄却は自然に行われるのである。

組織学習論についての批判は，上述のようにいろいろな視点から指摘できるが，知識創造論についても批判がある。たとえば，暗黙知と形式知の関係が連続的なのか，非連続的なのか不明な点，および両者を二元論的に考えているという批判である。しかし，批判の応酬を繰り返しても生産的な議論とはならないため，その後，組織学習論と知識創造論は独自の発展をして今日に至っている。

両者の考え方に相容れない点があることは明らかである。それはともかく，過去，現在，将来という時間軸で両者の視点を比較してみると，組織学習は過去から現在という視点に，知識創造論は現在から将来という視点に議論が展開されていると捉えられる。そうだとすれば，両者が組織現象を分析する枠組みとして，相補的な関係にあると言えるだろう。

4. 組織変革のプロセスがいろいろあるのはなぜ?

1980年代以降，組織変革の重要性は，ゼネラル・エレクトリック（GE）におけるジャック・ウェルチによる事業の再方向（見直し），IBMのルイス・ガースナーによる再建，カルロス・ゴーンによる日産自動車の業務変革などの成功事例から広く認識されるようになった。しかし，変革を意図しても実現するのは容易でない。

組織変革とは，既存の組織構造などを意図的に変化させることであり，若干の改善をするものから根本的に見直すものまで，質的にも規模的にもバリエーションがある。また，ビジネスモデルの見直しも変革と言える。

そこで，変革を実現する際に，何を変化させ改善するのか，また，既存の枠組みをどのように変えるのか，いつ変えるのかなど，変革のポイントは数多く指摘できる。変革モデルは，レヴィン（Kurt Lewin：1890-1947）による「解凍→変容→再凍結」という分析枠組みモデルを嚆矢に，さまざまなタイプが提示されているが，それは変革の実態が多様だからである。

図表 13-5　レヴィンの３段階モデル

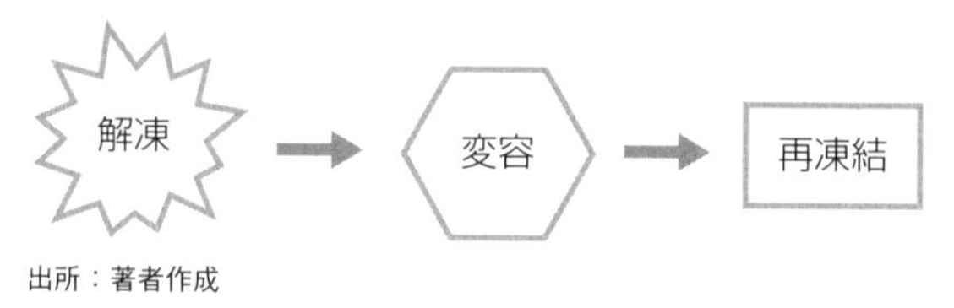

出所：著者作成

そして想定される変革を，連続／不連続と予測／適応の軸で整理すると，以下のように４つのパターンに分けられる。

(1) **調整型**の変革：現状の問題点を発見するとともに，既存の枠組みを粘り強く調整していく変革である。組織上の問題の解決が積み重なると，リスクなく構造変革を実現してしまう。

(2) **適応型**の変革：企業を取り巻く環境変化に適応していく変革である。具体的には，グローバル化や情報化の進展，少子高齢化や新興国の勃興といった環境変化に適応するための変革である。

(3) **再建型**の変革：環境変化に適応しようとしても，なかなかできない企業が多い。そのなかで，業績が悪化してしまって何とかしなければ先がないと認識した場合に求められるのが，「再建」型の変革である。

(4) **再方向型**の変革：事後的対応でなく，将来事業を創出するための変革である。変化を見通してプロアクティブに行うものであるため，それなりにリスクをともなう。

環境の変化は必ず起こり，変化のスピードは確実に速まっている。そして，変化がもたらすインパクトも大きくなっている。こうした環境下においては，さまざまな変革に取り組まない限り，現在の地位を維持することすらおぼつかない。まして，成長に関しては言わずもがなである。そのため，変革を「常態化」させることが重要である。とは言え，変革が常に成功するわけではない。企業が変革に失敗するのは，環境変化に対してスピード不足やタイミングのズレばかりでなく，組織メンバー間で変革の対象・内容が共有されないうえ，新しい事態に対するリスク回避や不祥事再発の防止に重きを置き過ぎて，本来の変革活動がなおざりにされてしまう場合に多い。

図表 13-6　組織変革のパターン

	漸進的	不連続的
予測型	調整	再方向
適応型	適応	再建

出所：大月（2005）p.12 を修正

方向を見失わないため，変革にはリーダーが必要だが，**変革リーダー**[1]が直面する課題は多様にある。第1に「状況認識」である。リーダーは，変革の必要性を認識できなければそれを推進できないため，状況認識がきわめて重要となる。第2は，「変革の方向性」で，それをいかに決定するかである。環境変化に組織的に対応するため，事業内容の見直し，新製品の開発，ポートフォリオの変更，品質改善などの観点から，新たに将来の方向性が求められるのである。第3は，「変革実施のマネジメント」である。変革の実施最中に予期せぬことが生じても，変革目標を達成できるようにリーダーは実施プロセスをマネジメントしなければならない。

1：組織全体の変革を目指すリーダーであるが，変革のパターンが異なるように，求められるリーダー像は異なる。

これらはリーダーが歩まなければならない順番（道筋）を示している。問題状況を認識し，組織変革の方向性が定まると，変革を実現するマネジメントが求められるのである。さらに変革において必要なのは，組織を構成する要素の変革であり，しかも各要素について同時に行わなければならない。また，要素間でズレが生じて放っておくと，整合性がとれなくなる。したがって，変革リーダーは変革のプログラムを策定し，それを実施させる際に，変革の構成要素間の整合を図るマネジメントが問われるのである。

変革リーダーは，このような課題を克服するうえで，さらに3つの実践的ハードルが想定される。それは①過去との決別，②組織のあり方，③ネットワークづくりである。過去との決別は，そうしないと古いパラダイムを守る抵抗勢力が変革の足かせとなるからである。組織のあり方は，組織のあるべき姿について，ベンチ・マーキング，改善，実験などによる試行錯誤の営みによって明確になるものであり，この過程において，変革にかかわりをもつ力量のある人々のアイディアを実現する機会を提供する。ネットワークづくりは，新たなアイディアの創出や人材の有効活用につながり，想定外の出来事に対する対策の可能性を広げるものであり，変革プロセスをコントロールするために必要である。

もちろん，変革は変革リーダーだけで実現できるものではない。ステイクホルダー・エンゲージメントの観点から言えば，各ステイクホルダーから変革内容の支持を得るため，変革へのコミットメントを引き出す必要がある。それゆえ，日本企業の変革において最も留意すべき点は，自社の置かれている状況把握と，将来展望（ビジョン）の組織メンバー（ステイクホルダーを含む）への浸透である。企業の理念やビジョンがいくら素晴らしくても，組織を動かす原動力である組織メンバーにそれらが浸透していなければ，折角の力量が発揮されない。

組織変革の議論を振り返ると，その多様さに驚かされる。そうしたなかで，明らかなのは，組織変革が環境適応や組織能力の向上を目指す組織的活動であるという点である。組織変革は，適応面や進化面など多面性をもつとともに，それぞれの側面で求められる成果は組織能力に左右されるという特徴を有している。

ここで言う組織能力は，潜在的能力の発揮や能力の蓄積も含むが，具体的には，財務能力や環境適応能力などが挙げられる。組織は多様な問題に直面し，それらの問題解決が既存の枠組みでは不可能になることを見越して組織変革に取り組む場合，あるいは，問題解決に失敗して組織変革に取り組まざるを得ない場合が多い。実際には，健全な業績（効率性）の追求はもとより，従来の枠にとらわれない組織行動によって一段と優れた業績を希求する組織も多くみられる。

スポーツの世界でたとえれば，参加するための標準記録突破で満足するのではなく，トップクラスの実績を残そうとするケースである。これと同じ発想で，組織のネガティブ面を解消するより，ポジティブ面のさらなる発揮を志向する変革は，組織のイノベーション（創造性）という現代的な問題の解明につながると想定できる。変革主体が環境決定論的な認識スタイルの場合，組織変革は環境変化に適合するようにネガティブ面の解消を狙う変革だが，決定主体論的な認識スタイルの場合は，あえて組織の潜在能力やポジティブ面を発揮できる変革，あるいはイノベーションを追求する変革となる可能性が高い。今後の組織変革で問われるべき理論的な課題はまさにこの領域である。そして，その結果得られる実践的なインプリケーションは，変革リーダーにとっての課題が明らかになる点である。組織がポジティブな変革を通じて得るものは，新しい可能性であり，変革を実現できない組織は，能力拡大や大きな飛躍のチャンスを見失うことになろう。

5. CSR経営とROE経営が対立するのはなぜ?

2010年にISO（国際標準化機構）が企業の社会的責任（Corporate Social Responsibility：CSR）の手引き「ISO26000」を発行するなど，顧客，従業員，株主といったステイクホルダー（利害関係者）の利害に配慮した**CSR経営**が関心を集めている。これは，企業の立場として，業績を確保しながら環境問題や社会問題の解決にも資することができる経営を意図したものである。そう考えることに異論は出ないが，その実現はそう簡単ではない。なぜなら，環境問題も社会問題も，あまりにも幅広く深刻な問題であるからである。

CSR経営の具体策として，社会的弱者保護，女性の活用，ワークライフバランスの達成などがよく挙げられる。これらを推進すれば，確かに社会的に問題とされていることに積極的に企業が取り組む姿をみせることができる。しかし，どの程度それらに取り組んだら社会的に評価されるのか，その公正な判断基準はない。そのため，いわゆるCSR経営は，企業にとってあいまい性のなかでの運用となってしまい，持続可能性の点では怪しい。

また伝統的な財務報告と社会貢献や環境対策などCSR情報を核とした非財務報告を統合した統合報告書を発行するなどして，CSR経営をアピールする企業も増えている。ただしこれは，誰に向けての報告かと言えば，主に投資家に対してである。投資家はリターンを求めることにその主眼があるが，その内実は，短期的なリターンを求めるものから，中・長期的なリターンの確保を優先するものまで多様である。そして，業績中心の財務報告では満足しない長期的な立場の投資家は非財務情報の開示を求めるため，企業にとって望ましい，長期にわたって株を保有してくれる投資家を確保する対策の1つがCSR経営である。とは言え，企業の業績を犠牲にして環境問題，社会問題を解決したとしても，ステイクホルダーにとって持続可能な社会は実現できない。

地球温暖化などから環境の持続可能性が議論されてきたことを背景に，企業社会で**持続可能性**がキーワード化している。そして，その実現のためにいろいろと方策が練られ，実践されているのが現状である。いずれにせよ，企業と投資家の間で企業価値を高めることについては合意があるが，それをどう実現するか，すなわち短期的か長期的か，企業価値アップの目標はどれくらいかなど，その方策についてはギャップが埋まらない。企業側も，ステイクホルダー全般向けのCSR経営でいくのか，株主中心のROE経営を優先するのか，など焦点が定まらない。

ROE（Return On Equity：株主資本利益率）は，株主の投資持分に対する当期純利益の比率であり，株主の投資に対するリターンを表すものである。それゆえ，**ROE経営**と言えば，株主の利益を重視した経営のことを意味している。ROEの表し方はいろいろあるが，基本的には，売上高純利益率，資本回転率，財務レバレッジの相互作用として表される。したがって，自己株買によって，意図的にこの数値を挙げることができるところから，特に日本的経営を重視する経団連の主要なメンバーから，実際の経営力を表すものではないと批判もある。

$$ROE=\frac{\text{税引後当期純利益}}{\text{売上高}}\times\frac{\text{売上高}}{\text{総資本}}\times\frac{\text{総資本}}{\text{自己資本}}$$

$$=\text{売上高純利益率(\%)}\times\text{総資本回転率(回)}\times\text{財務レバレッジ(倍)}$$

企業には株主以外にも顧客，従業員など，さまざまなステイクホルダーが存在する。CSR経営は，環境や社会の問題にかかわるステイクホルダーの利害を勘案した経営である。ROEと同じ視点から言えば，顧客に対しては価値ある（得したと感じる）製品・サービスを持続的に提供することに重点を置く顧客価値経営，従業員に対しては会社が受ける貢献以上に誘因を与えることで従業員との関係性に重点を置く従業員本位の経営など，経営者が選べる経営スタイルは多様である。

そうしたなかで，投資家を重視するROE経営は，投資家に投資以上のリターン（配当，株価上昇）を提供できなければ，株は市場に売り出され株価の低下を招くなど，企業行動の結果がすぐに反映される。この場合，投資リターンの原資は，他のステイクホルダーに提供した価値の残余部分とされるため，投資家を重視する経営だと，他のステイクホルダーを犠牲にする可能性が高い。つまり，税金などを支払って最後に残る利益が増えなければ，株主への配当リターンは増えないので，ROE経営が成り立つには，単なる売上高の増大でなく，ステイクホルダーへの支払い（誘因提供）を削減して収益率を高めることが要請されるのである。

収益力を表すROA（総資産利益率）をみると，日本企業は欧米企業と比べてほぼ半分しかない。しかも，この傾向はここ20年ほど続いている。その理由は，日本企業の大半が収益力より売上高を重視し，規模拡大を目指してきたからである。それはそもそも，もの不足を背景に，作れば売れた高度経済成長の成功体験をもつ企業にとって，売上増がすべてにおいて優先されるべきという価値観が根づいてしまったからと思われる。高度経済成長下の日本企業は，経済・経営関連の報道において，売上高の数字が経営指標として重視されていたのは紛れもない事実である。

また，日本企業が利益より売上高を重視してきたのは，家族的経営の伝統があるからだとも言える。かつて日本企業の大半は，新卒入社して定年退職まで同じ会社で働き続ける長期雇用（終身雇用）が定着していた。そのため，売上高の増大こそが職場確保を可能とする価値感が定着し，働く人の雇用重視が前提となったというわけである。家族的経営では利益の追求よりも雇用が重視され，利益がほとんど残らない事業であっても，従業員を確保できる程度に稼げればそれで良かったのである。家族経営は，長期的な視点に立つのが当然で，人材を重視して事業の持続性を確保するのに役立ってきたと言えるのである。

しかし近年，日本経済は急激な高齢化と緩やかな人口減少に直面し，人手不足があらゆる業界において顕在化して問題となっている。このままだと，買い手も少なくなり，売上高増大を求める経営は不可能になると想定される。そうした状況を踏まえて，企業が今後も持続的に成長・発展するには，売上高増大による雇用確保でなく，効率性の高い経営が求められるのである。つまり，経営資源の効率的活用と資本の効率的運用が，経営者に強く求められるようになったのである。

基本的に，事業の効率性がアップすれば収益率も高めることができる。ただし，事業を展開するためには，コストとしての資金が必要であり，しかも，企業にとって最も有利な原資は株主からの投資である。株主は企業が提示する事業計画などに，将来の可能性を期待して投資するだけだが，一方企業は，その期待に応えられるよう事業の収益性を高めることが強く求められるのである。企業が株主価値の増大を図ることに対して，日本ではアレルギー反応が多くみられる。ステイクホルダーとしての株主は，企業にとって最重要な存在なのだろうか。

企業組織のなぞは深まるばかりである。だからこそ，経営のロジックを自分のものにし，それを実践活用する面白さも増すのである。

参考文献

Aberrathy, W.J. and Wayne, K (1974) Limits of the learning curve. *Harvard Business Review*, 52(5): 109-119.

Adams, J.S. (1965) Inequity in social exchange. In L. Berkowitz (ed.), *Advances in　Experimental Social Psychology*, 2: 267-299.

Alderfer, C.P. (1972) *Existence, Relatedness, and Growth*. Free Press.

Allison, G.T. (1971) *Essence of Decision: Explaining the Cuban Missile Crisis*. Little, Brown & Company.（宮里政玄訳『決定の本質：キューバミサイル危機の分析』中央公論社，1977 年）

Andrews, K. (1971) *The Concept of Corporate Strategy*. Dow-Jones-Irwin.（山田一郎訳『経営戦略論』産業能率短期大学出版部，1976 年）

Ansoff, H.I. (1965) *Corporate Strategy*. McGraw-Hill.（広田寿亮『企業戦略論』産業能率短期大学出版部，1969 年）

Ansoff, H.I. (1978) *Strategic Management*. Macmillan.（中村一訳『戦略経営論』産業能率短期大学出版部，1980 年）

Argyris, C. (1964) *Integrating the Individual and the Organization*. John Wiley & Sons.（三隅二不二・黒川正流訳『新しい管理社会の探求』産業能率短期大学出版部，1969 年）

Argyris, C. (2010) *Organizational Traps*. Oxford University Press.（河野昭三監訳『組織の罠』文眞堂，2016 年）

Argyris, C. and D.A. Schön (1978) *Organizational Learning: A Theory of Action Perspective*. Adison-Wesley.

Barnard, C.I. (1938) *The Functions of the Executive*. Harvard University Press.（山本安次郎・田杉競・飯野春樹訳『新訳 経営者の役割』ダイヤモンド社，1968 年）

Barney, J. (2001) *Gaining and Sustaining Competitive Advantage 2nd ed*. Person Education.（岡田正大訳『企業戦略論』〈上〉〈中〉〈下〉，ダイヤモンド社，2003 年）

Bartlett, C. and S. Ghoshal (1989) *Managing across Borders*. Harvard Business School Press.（吉原秀樹監訳『地球市場時代の企業戦略』日本経済新聞社，1990 年）

Berle, A.A. and G.C. Means (1932) *The Modern Corporation and Private Property*. Macmillan.（森杲訳『現代株式会社と私有財産』北海道大学出版会，2014 年）

Blake, R.R. and J.S. Mouton (1978) *The New Managerial Grid*. Gulf Publishing.（田中敏夫・子見山澄子訳『新・期待される管理者像』産業能率短期大学出版部，1979 年）

Burns, J.M. (1978) *Leadership*. Harper & Row.

Burns, T. and G.M. Stalker (1961) *The Management of Innovation*. Tavistock Publications.

Chandler, A.D.Jr (1962) *Strategy and Structure*. M.I.T. Press.（有里裕子訳『組織は戦略に従う』ダイヤモンド社，2004 年）

Child, J. (1972) Organization Structure, Environment, and Performance: The Role of Strategic Choice. *Sociology*, 2: 409-443.

Christensen, C.M. (1997) *The Innovator's Dilemma: When New Technologies Cause Great Firms to Fail*. Harvard Business Review Press.（伊豆原弓訳『イノベーションのジレンマ』翔泳社，2001 年）

Cohen, M.D., J.D. March and J.P. Olsen (1972) A Garbage Can Model of Organizational Choice. *Administrative Science Quarterly*, 17: 1-25.

Cyert, R.N. and J.G. March (1963) *A Behavioral Theory of the Firm*. Prentice-Hall.（松田武彦・井上恒夫訳『企業の行動理論』ダイヤモンド社，1967 年）

D'Aveni, R.A. (1994) *Hyper-competition*. Free Press.

Davis, M. and P.R. Lawrence (1977) *Matrix*. AddisonWesley.（津田達男・梅津祐良訳『マトリックス経営』ダイヤモンド社，1980 年）

Deal, T.E. and A.A. Kennedy (1982) *Corporate Cultures: The Rites and Rituals of Corporate Life*. Addison-Wesley.（城山三郎訳『シンボリック・マネジャー』新潮社，1983 年）

DiMagio, P.J. and W.W. Powell (1983) The Iron Cage Revisited: Institutional Isomorphism and Collective Rationality in Organizational Fields. *American Sociological Review*, 48 (2): 147-160.

Drucker, P.F. (1954) *The Practice of Management*. Harper& Brothers.（上田惇生訳『新訳 現代の経営』〈上〉〈下〉，ダイヤモンド社，1996 年）

Drucker, P.F. (1973) *Management*. Harper & Row.（野田一夫監訳『マネジメ

ント』〈上〉〈下〉，ダイヤモンド社，1993年）
Edmondson, E.C. (2012) *Teaming : How Organizations Learn, Innovate, and Compete in the knowledge Economy*. Jossey-Bass.（野津智子訳『チームが機能するとはどういうことか―「学習力」と「実行力」を高める実践アプローチ』英治出版，2014年）
Emery, F.E. and E.L. Trist (1965) The Causal Texture of Organizational Environments. *Human Relations*, 18: 21-32.
French, J.R. and B. Raven (1959) The Bases of Social Power. In D. Cartwright (ed.), *Studies in Social Power*. Institute for Social Research.（佐藤静訳「社会的勢力の基礎」三隅二不二他訳『グループ・ダイナミックスII』誠信書房，1959年，pp.727-748.）
Fayol, H. (1916) *Administration Industrielle et Generate*. Bulletin de la Societe de l'Industrie Minerale.（山本安次郎訳『産業ならびに一般の管理』ダイヤモンド社，1985年）
Fiedler, F.E. (1967) *A Theory of Leadership Effectiveness*. McGraw-Hill.（山田雄一監訳『新しい管理者像の探求』産業能率短期大学出版部，1970年）
Follett, M.P. (1942) *Dynamic Administration*. Harper & Row.（米田清貴・三戸公訳『組織行動の原理：動態的管理』未来社，1972年）
Freeman, R.E. (1984) *Strategic Management.: A Stakeholder Approach*. Cambridge University Press.
French, J.R. and B. Raven (1959) The Bases of Social Power, In D. Cartwright (ed.), *Studies in Social Power*. Institute for Social Research.（佐藤静訳「社会的勢力の基礎」三隅二不二他訳『グループ・ダイナミックスII』誠信書房，1959年，pp.727-748）
藤田誠（2015）『経営学入門』中央経済出版社．
Galbraith, J.R. (1973) *Designing Complex Organizations*. Addison-Wesley.（梅津祐良訳『横断組織の設計』ダイヤモンド社，1980年）
Galbraith, J.R. (1977) *Organization Design*. Addison-Wesley.
Greenleaf, R.K. (1977) *Servant Leadership*. Paulist Press.（金井壽宏監修・金井真弓訳『サーバントリーダーシップ』英治出版，2008年）
Greiner, L.E. (1972) Evolution and Revolution as Organization Grows. *Harvard Business Review*, July-August: 37-46.
Hamel, G. and C.K. Prahalad (1994) *Competing for the Future*. Harvard

Business School Press.（一條和生訳『コア・コンピタンス経営』日本経済新聞社，1995 年）
Henderson, B. (1979) *Henderson on Corporate Strategy*. Harper Collins.（土岐坤訳『経営戦略の核心』ダイヤモンド社，1981 年）
Hersey, P. and Blanchard, K.H. (1977) *Management of Organizational Behavior*. Prentice-Hall.（山本成二・水野基・成田政訳『入門から応用へ行動科学の展開：人間資源の活用』日本生産性本部，1978 年）
Herzberg, F. (1966) *Work and Nature of Man*. World Publishing.（北野利信訳『仕事と人間性―動機づけ・衛生理論の新展開―』東洋経済新報社，1968 年）
Hofer, C.W. and D. Schendel (1978) *Strategy Formulation: Analytical Concepts*. West Publishing Company.（奥村昭博・榊原清則・野中郁次郎訳『戦略策定』千倉書房，1981 年）
House, R.J. (1971) Path-Goal Theory of Leader Effectiveness. *Administrative Science Quarterly*, 16: 321-338.
伊丹敬之・加護野忠男（2003）『ゼミナール経営学入門（第 3 版）』日本経済新聞社 .
加護野忠男・野中郁次郎・榊原清則・奥村昭博（1983）『日本企業の経営比較－戦略的環境適応の理論－』日本経済新聞社 .
Kast, F. and J. Rosenzweig (1979) *Organization and Management*, 3rd ed. McGraw-Hill .
Katz, D. and R.L. Kahn (1978) *The Social Psychology of Organizations*, 2nd ed. John Wiley & Sons.
Kim, W.C. and R. Mauborgne (2005) *Blue Ocean Strategy*. Harvard Business School Press.（有賀裕子訳『ブルー・オーシャン戦略』ランダムハウス講談社，2005 年）
金原達夫（2013）『やさしい経営学（第 4 版）』文眞堂 .
Koontz, H., ed. (1964) *Toward a Unified Theory of Management*. McGraw-Hill.（鈴木英寿訳『管理の統一理論』ダイヤモンド社，1968 年）
Koontz, H. (1980) The Management Theory Jungle Revisited. *Academy of Management Review*, 5: 175-187.
Kotter, J.P. (1982) *The General Managers*. Free Press.（金井寿宏・加護野忠男・谷光太郎・宇田川富秋訳『ザ・ゼネラル・マネジャー』ダイヤモン

ド社，1984 年）

Kotter, J.P. (1990) *A Force for Change: How Leadership Differs from Management*. Free Press.（梅津祐良訳『変革するリーダーシップ』ダイヤモンド社，1991 年）

Langlois, R.N. (2007) *The Dynamics of Industrial Capitalism: Schumpeter, Chandler, and the new economy*. Routledge.（谷口和弘訳『消えゆく手－株式会社と資本主義のダイナミクス－』慶應義塾大学出版会，2011 年）

Larner, R.J. (1966) Ownership and control in the 200 largest non-financial corporations: 1929 and 1963. *American Economic Review,* 56: 777-787.

Lawrence, P.R. and J.W. Lorsch (1967) *Organization and Environment: Managing Differentiation and Integration*. Harvard University, Division of Research.（吉田博訳『組織の条件適応理論』産業能率短期大学出版部，1977 年）

Leonard-Barton, D.A. (1992) Core Capabilities and Core Rigidities: A Paradox in Managing New Product Development. *Strategic Management Journal*, 13 (Summer 1992): 111-125.

Likert, R. (1961) *New Patterns of Management*. McGraw-Hill.（三隅二不二訳『経営の行動科学：新しいマネイジメントの探求』ダイヤモンド社，1968 年）

Likert, R. (1967) *The Human Organization: Its Management and Value*. McGraw-Hill.（三隅二不二訳『組織の行動科学：ヒューマン・オーガニゼーションの管理と価値』ダイヤモンド社，1968 年）

Locke, E (1968) Towards a Theory of Task Motivation and Incentive. *Organizational Behavior and Human. Performance*, 3(2): 157-189.

Lorsch, J.W. (1986) Managing Culture : The Invisible Barrier to Strategic Change. *California Management Review*, 28(2): 95-109.

Luthans, F. (1976) *Introduction to Management: A Contingency Approach*. McGraw-Hill.

March, J.G. and H.A. Simon (1958) *Organizations*. John Wiley & Sons.（高橋伸夫訳『オーガニゼーションズ：人間性を重視した組織の理論』ダイヤモンド社，2014 年）

March, J.G. and J.P. Olsen (1976) *Ambiguity and Choice in Organizations*. Universitetsforlaget.（遠田雄志・アリソンユング訳『組織におけるあいまいさと決定』有斐閣，1986 年）

Maslow, A.H. (1954) *Motivation and Personality*. Harper & Row.（小口忠彦監訳『人間性の心理学 産業能率短期大学出版部，1971 年）
Mayo, E. (1933) *The Human Problems of an Industrial Civilization*. Macmillan.（村本英一訳『産業文明における人間問題』日本能率協会，1967 年）
McClelland, D.C. (1961) *The Achieving Society*. D. Van Nostrand.（林保監訳『達成動機』産業能率短期大学出版部，1971 年）
McGregor, D. (1960) *The Human Side of Enterprise*. McGraw Hill.（高橋達男訳『新版企業の人間的側面』産業能率短期大学出版部，1970 年）
Merton, R.K. (1957) *Social Theory and Social Structure*, rev. ed. Free Press.（森東吾・森好夫・金沢実・中島竜太郎訳『社会 理論と社会構造』みすず書房，1961 年）
Meyer, J.W. and B. Rowan (1977）Institutionalized Organizations: Formal Structure as Myth and Ceremony. *American Journal of Sociology*. 83 (September): 340-363.
Miles, R.E. and C.C. Snow (1978) *Organizational Strategy, Structure, and Process*. McGraw-Hill.（土屋守章・内野崇・中野工訳『戦略型経営』ダイヤモンド社，1983 年）
Mintzberg, H. (1973) *The Nature of Managerial Work*. Harpercollins College Div.（奥村哲史・須貝栄訳『マネジャーの仕事』白桃書房，1993 年）
Mintzberg, H. (1987) The Strategy Concept I : Five Ps for Strategy. *California Management Review*, Fall: 11-24.
Mintzberg, H. (2009) *Managing*. Berret-Koehler.（池村千秋訳『マネジャーの実像』日経 BP 社，2011 年）
三隅二不二（1966）『新しいリーダーシップ：集団指導の行動科学』ダイヤモンド社．
三戸公・正木久司・晴山英夫（1973）『大企業における所有と支配』未来社
Murray, H.A. (1938) *Explorations in Personality*. Oxford University Press.
Nash, L.L. (1990) *Good Intensions Aside*. Harvard Business School Press.（小林俊治・山口善昭訳『アメリカの企業倫理』日本生産性本部，1992 年）
野中部次郎・加護野忠男・小松陽一・奥野昭博・坂下昭宣（1978）『組織現象の理論と測定』千倉書房．
野中郁次郎・紺野登（1999）『知識経営のすすめ』ちくま新書．

野中郁次郎・竹内弘高（1996）『知識創造企業』東洋経済新報社．
沼上幹（2000）『行為の経営学』白桃書房．
岡本康雄（1982）『経営学入門（上）』日本経済新聞社．
大月博司（2005）『組織変革とパラドックス（改訂版）』同文舘出版．
大月博司・高橋正泰・山口善昭（2008）『経営学：理論と体系（第3版）』同文舘出版．
Ouchi, W.G. (1981) *The Theory Z: How American Business can meet the Japanese Challenge*. Addison-Wesley.（徳山二郎監訳『セオリーZ：日本に学び，日本を超える』CBSソニー出版，1981年）
Parsons, T. (1977) *Social Systems and the Evolution of Action Theory*. Free Press.（田野崎昭夫監訳『社会体系と行為理論の展開』誠信書房，1992年）
Pascale, R.T. and A.G. Athos (1981) *The Art of Japanese Management*. Simon & Schuster.（深田祐介訳『ジャパニーズ・マネジメント』講談社，1981年）
Penrose, E. (1959) *The Theory of the Growth of the Firm*, 3rd ed. Oxford University Press.（日高千景訳『企業成長の理論（第3版）』ダイヤモンド社，2010年）
Perrow, C. (1979) *Complex Organizations: A Critical Essay*, 2nd ed. Scott, Foresman and Company.
Peters, T.J. and R.H. Waterman Jr. (1982) *In Search of Excellence*. Harper & Row.（大前研一訳『エクセレント・カンパニー：超優良企業の条件』講談社，1983年）
Pfeffer, J. (1992) *Managing with Power*. Harvard Business School Press.（奥村哲史訳『影響力のマネジメント』東洋経済新報社，2008年）
Pfeffer, J. (2015) *Leadership BS*. Harper Business.（村井章子訳『悪いヤツほど出世する』日本経済新聞社，2016年）
Porter, L.L. and E.E. Lawler, Ⅲ (1968) *Managing Attitude and Performance*. Irwin
Porter, M.E. (1980) *Competitive Strategy*. Free Press.（土岐坤・中辻高治・服部照夫訳『新訂 競争の戦略』ダイヤモンド社，1995年）
Porter, M.E. (1985) *Competitive Advantage*. Free Press.（土岐坤訳『競争優位の戦略―いかに高業績を維持させるか』ダイヤモンド社，1985年）
Porter, M.E. and M.R. Kramer (2011) Creating Shared Value. *Harvard Business Review*, January-February.（「共有価値の戦略」『ダイヤモンド・

ハーバード・ビジネスレビュー』2011 年 6 月号）

Pugh, D.S. Hickson, D.J. and C.R. Hinings (1969) An Empirical Taxonomy of Structures of Work Organizations. *Administrative Science Quarterly*, 115-126.

Quinn, J.B. (1980) *Strategies for Change: Logical Incrementalism*. Irwin.

Roethlisberger, F.J. and W.J. Dickson (1939) *Management and the Worker*. Harvard University Press.

Rumelt, R.P. (1974) *Strategy, Structure and Economic Performance*. Harvard University Press.（鳥羽欽一郎・山田正喜子・川辺信雄・熊沢孝訳『多角化戦略と経済成果』東洋経済新報社，1977 年）

Rumelt, R.P. (2011) *Good Strategy Bad Strategy: The Difference and Why It Matters*. Currency.（村井章子訳『良い戦略，悪い戦略』日本経済新聞社，2012 年）

榊原清則（2002）『経営学入門』（上）（下），日経文庫〔第 2 版が 2013 に年発刊〕.

坂下昭宣（2014）『経営学への招待（新装版）』白桃書房 .

Schein, E.H. (1980) *Organizational Psychology*. 3rd ed. Prentice-Hall. (First published 1965, 2nd ed. 1970.)（松井賚夫訳『組織の心理学』岩波書店，1966 年）

Schein, E.H. (1985) *Organizational Culture and Leadership*. Jossey-Bass.（清水紀彦・浜田幸雄訳『組織文化とリーダーシップ』ダイヤモンド社，1989 年）

Schein, E.H. (2010) *Organizational Culture and Leadership*, 4th ed.（梅津裕良・横山哲夫訳『組織文化とリーダーシップ』白桃書房，2012 年）

Selznick, P. (1957) *Leadership in Administration*. Harper & Row.（北野利信訳『組織とリーダーシップ』ダイヤモンド社，1963 年）

Simon, H.A. (1977) *The New Science of Management Decision*. Prentice-Hall.（稲葉元吉・倉井武夫訳『意思決定の科学』産業能率短期大学出版部，1979 年）

Simon, H.A. (1997) *Administrative Behavior*, 4th ed.（桑田耕太郎・西脇暢子・高柳美香・高尾義明・二村敏子訳『新版 経営行動』ダイヤモンド社，2009 年）

Stogdill, R. M. (1948) Personal Factors Associated with Leadership. *Journal of Psychology*, 25: 35-71.

Stopford, J.M. and L.T. Wells Jr. (1972) *Managing the Multinational Enterprise*. Basic Books.（山崎清訳『多国籍企業の組織と所有政策』ダ

イヤモンド社，1976年）
高橋伸夫（2016）『経営の再生（第4版）』有斐閣．
高橋伸夫編（2000）『超企業・組織論』有斐閣．
Taylor, F.W. (1911) *The Principles of Scientific Management.* Harper & Row.（有賀裕子訳『新訳 科学的管理法』ダイヤモンド社，2009年）
Teece, D.J. (2007) Explicating Dynamic Capabilities: The nature and Microfoundations of (Sustainable)Enterprise Performance. *Strategic Management Journal*, 28: 1319-1350.
Teece, D.J., G. Pisano and A. Shuen (1997) Dynamic Capabilities and Strategic Management. *Strategic Management Journal,* 18(7): 509-533.
Thompson, J. D. (1967) *Organizations in Action.* McGraw-Hill.（大月博司・廣田俊郎訳『行為する組織』同文舘出版，2012年）
Tichy, N. M. and M.A. Devanna (1986) *The Transformational Leader.* Jhon Wiley & Sons.（小林薫訳『現状変革型リーダー：変化・イノベーション・企業家精神への挑戦』ダイヤモンド社，1988年）
Vroom, V .H. (1964) *Work and Motivation.* John Wiley & Sons.（坂下昭宣・榊原清則・小松陽一・城戸康彰訳『仕事とモチベーション』千倉書房，1982年）
Weick, K.E. (1969) *The Social Psychology of Organizing.* Addison-Wesley.（金児暁訳『組織化の心理学』誠信書房，1980年）
Weick, K.E. (1979) *The Social Psychology of Organizing,* 2nd ed.（遠田雄一訳『組織化の社会心理学』文眞堂，1977年）
Weick, K.E. (1995) *Sensemaking in Organizations.* Sage.（遠田雄一・西本直人訳『センスメーキング・イン・オーガニゼーションズ』文眞堂，2001年）
Woodward, J. (1965) *Industrial Organization: Theory and Practice.* Oxford University Press.（矢島鈞次・中村寿雄訳『新しい企業組織』日本能率協会，1970年）
山本安次郎（1961）『経営学本質論』森山書店．

索　引

A～Z

あ　行

か　行

さ 行

た 行

な 行

は 行

ま　行

や　行

ら 行

わ 行

大月　博司（おおつき　ひろし）

早稲田大学商学学術院教授，博士（商学）早稲田大学

1975 年　早稲田大学商学部卒業
1982 年　早稲田大学大学院商学研究科博士課程後期単位取得退学
1982 年　北海学園大学経済学部専任講師，その後助教授，教授，同大学経営学部教授を経て
2004 年より現職。

その他，ワシントン大学（シアトル）ビジネススクール，デューク大学フクアスクール，カーディフ大学ビジネススクールで客員研究員，大和住銀投信投資顧問社外取締役，りそなアセットマネジメント社外取締役などを歴任。

〈主な業績〉
『Hatch 組織論―3 つのパースペクティブ―』（共訳）同文舘出版，2017 年
『行為する組織―組織と管理の理論についての社会科学的基盤―』（共訳）同文舘出版，2012 年
『組織変革とパラドックス（改訂版）』同文舘出版，2005 年

平成 30 年 5 月 30 日　初版発行
令和 6 年 4 月 10 日　初版 4 刷発行　　略称：経営ロジック

経営のロジック
―謎が多いから面白い経営学の世界―

著　者 © 大　月　博　司
発行者　　中　島　豊　彦

発行所　**同 文 舘 出 版 株 式 会 社**
東京都千代田区神田神保町 1-41　〒 101-0051
営業（03）3294-1801　編集（03）3294-1803
振替 00100-8-42935　https://www.dobunkan.co.jp

Printed in Japan 2018　　DTP：マーリンクレイン
印刷・製本：萩原印刷

ISBN978-4-495-39016-7